Caro aluno, seja bem-vindo!

A partir de agora, você tem a oportunidade de estudar com uma coleção didática da SM que integra um conjunto de recursos educacionais impressos e digitais desenhados especialmente para auxiliar os seus estudos.

Para acessar os recursos digitais integrantes deste projeto, cadastre-se no *site* da SM e ative sua conta.

Veja como ativar sua conta SM:

1. Acesse o *site* <www.edicoessm.com.br>.
2. Se você não possui um cadastro, basta clicar em "Login/Cadastre-se" e, depois, clicar em "Quero me cadastrar" e seguir as instruções.
3. Se você já possui um cadastro, digite seu *e-mail* e sua senha para acessar.
4. Após acessar o *site* da SM, entre na área "Ativar recursos digitais" e insira o código indicado abaixo:

AJCIE-A4X3W-WTUGA-2YK5A

Você terá acesso aos recursos digitais por 12 meses, a partir da data de ativação desse código.

Ressaltamos que o código de ativação somente poderá ser utilizado uma vez, conforme descrito no "Termo de Responsabilidade do Usuário dos Recursos Digitais SM", localizado na área de ativação do código no *site* da SM.

Em caso de dúvida, entre em contato com nosso **Atendimento**, pelo telefone **0800 72 54876** ou pelo *e-mail* atendimento@grupo-sm.com ou pela internet <www.edicoessm.com.br>.

Desejamos muito sucesso nos seus estudos!

Requisitos mínimos recomendados para uso dos conteúdos digitais SM

Computador	Tablet	Navegador
PC Windows • Windows XP ou superior • Processador dual-core • 1 GB de memória RAM **PC Linux** • Ubuntu 9.x, Fedora Core 12 ou OpenSUSE 11.x • 1 GB de memória RAM **Macintosh** • MAC OS 10.x • Processador dual-core • 1 GB de memória RAM	**Tablet IPAD IOS** • IOS versão 7.x ou mais recente • Armazenamento mínimo: 8GB • Tela com tamanho de 10" **Outros fabricantes** • Sistema operacional Android versão 3.0 (Honeycomb) ou mais recente • Armazenamento mínimo: 8GB • 512 MB de memória RAM • Processador dual-core	*Internet Explorer 10* *Google Chrome 20* ou mais recente *Mozilla Firefox 20* ou mais recente Recomendado o uso do Google Chrome Você precisará ter o programa Adobe Acrobat instalado, *kit* multimídia e conexão à internet com, no mínimo, 1Mb

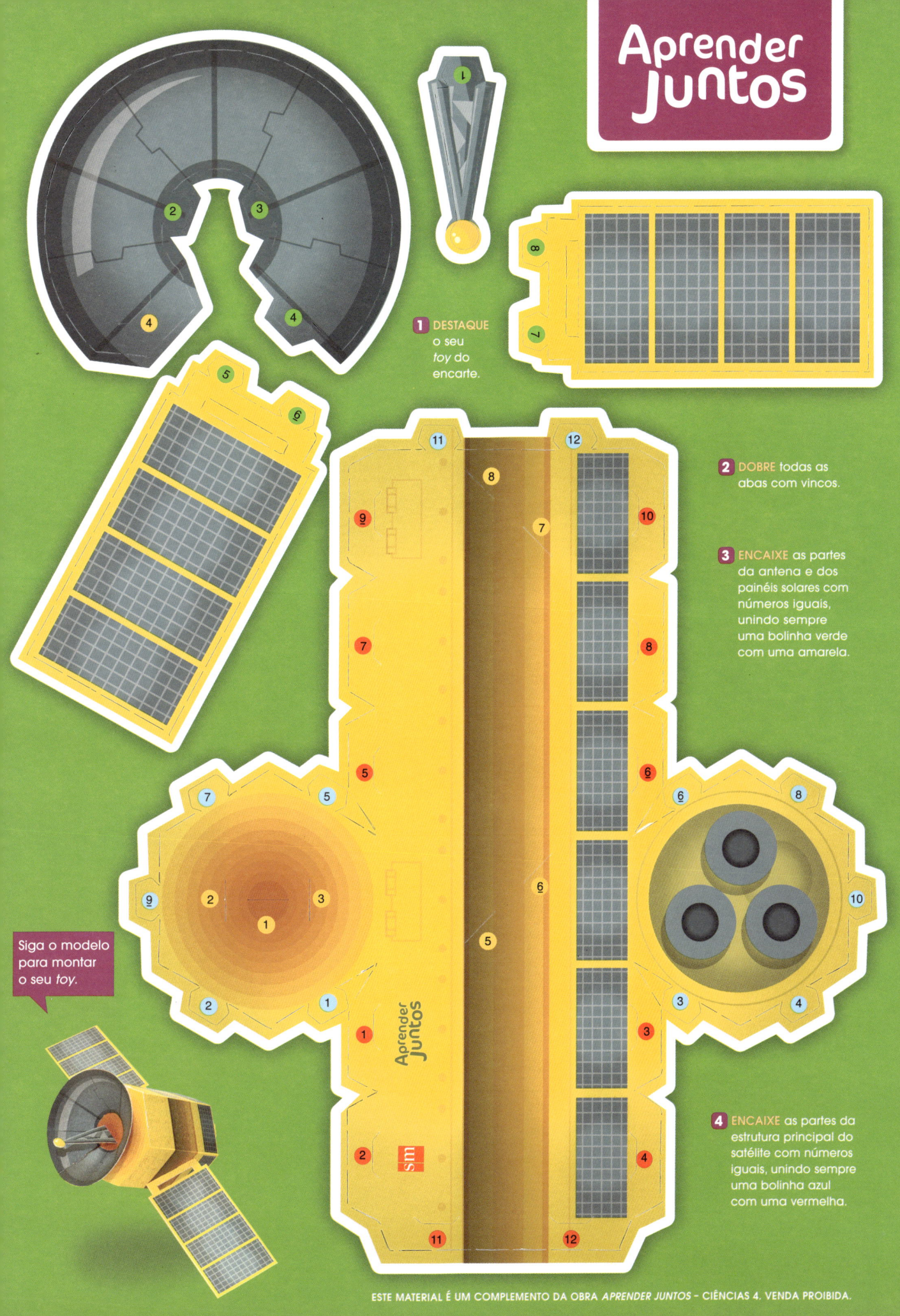

Aprender juntos

CIÊNCIAS 4
ENSINO FUNDAMENTAL
4º ANO

CRISTIANE MOTTA
- Bacharela em Ciências Biológicas pela Universidade de São Paulo (USP).
- Licenciada em Ciências 1º Grau e em Ciências Biológicas pela USP.
- Coordenadora de área e professora de Ciências.

ORGANIZADORA: EDIÇÕES SM
Obra coletiva concebida, desenvolvida e produzida por Edições SM.

São Paulo,
5ª edição
2016

Aprender Juntos – Ciências 4
© Edições SM Ltda.
Todos os direitos reservados

Direção editorial	Juliane Matsubara Barroso
Gerência editorial	José Luiz Carvalho da Cruz
Gerência de *design* e produção	Marisa Iniesta Martin
Coordenação pedagógica	Regina de Mello Mattos Averoldi
Edição executiva	Robson Rocha
	Edição: Maria Carolina Checchia da Inês, Sylene Del Carlo, Graziella Bento
	Apoio editorial: Flávia Trindade, Camila Guimarães
Coordenação de controle editorial	Flavia Casellato
	Suporte editorial: Alzira Bertholim, Camila Cunha, Giselle Marangon, Mônica Rocha, Talita Vieira, Silvana Siqueira, Fernanda D'Angelo
Coordenação de revisão	Cláudia Rodrigues do Espírito Santo
	Preparação e revisão: Berenice Baeder, Eliana Vila Nova, Eliane Santoro, Lu Peixoto, Sâmia Rios, Sandra Fernandes, Valéria Cristina Borsanelli
Coordenação de *design*	Rafael Vianna Leal
	Apoio: Didier Dias de Moraes e Debora Barbieri
	***Design*:** Leika Yatsunami, Tiago Stéfano
Coordenação de arte	Ulisses Pires
	Edição executiva de arte: Melissa Steiner
	Edição de arte: Bruna Hashijumie Fava
Coordenação de iconografia	Josiane Laurentino
	Pesquisa iconográfica: Bianca Fanelli, Susan Eiko, Thaisi Lima
	Tratamento de imagem: Marcelo Casaro
Capa	Estúdio Insólito e Rafael Vianna Leal sobre ilustração de Carlo Giovani
Projeto gráfico	Estúdio Insólito
Ilustrações	Al Stefano, AMj Studio, Bruna Ishihara, Cecília Iwashita, Hiroe Sasaki, Lima, Paulo Cesar Pereira, Studio Pack
Papertoys	Ilustração e planificação: O Silva
	Apoio para orientações pedagógicas: Ana Paula Barranco e Maria Viana
Fabricação	Alexander Maeda
Impressão	Corprint

Dados Internacionais de Catalogação na Publicação (CIP)
(Câmara Brasileira do Livro, SP, Brasil)

Motta, Cristiane
   Aprender juntos ciências, 4º ano : ensino fundamental / Cristiane Motta ; organizadora Edições SM ; obra coletiva concebida, desenvolvida e produzida por Edições SM ; editor responsável Robson Rocha. – 5. ed. – São Paulo : Edições SM, 2016. – (Aprender juntos)

   Suplementado pelo guia didático
   Vários ilustradores.
   Bibliografia
   ISBN 978-85-418-1432-4 (aluno)
   ISBN 978-85-418-1434-8 (professor)

   1. Ciências (Ensino fundamental) I. Rocha, Robson.
II. Título. III. Série.

16-03847   CDD-372.35

Índices para catálogo sistemático:
1. Ciências : Ensino fundamental 372.35

5ª edição, 2016
2ª impressão, 2017

Edições SM Ltda.
Rua Tenente Lycurgo Lopes da Cruz, 55
Água Branca   05036-120   São Paulo   SP   Brasil
Tel. 11 2111-7400
edicoessm@grupo-sm.com
www.edicoessm.com.br

Apresentação

Caro aluno,

Este livro foi cuidadosamente pensado para ajudá-lo a construir uma aprendizagem sólida e cheia de significados que lhe sejam úteis não somente hoje, mas também no futuro. Nele, você vai encontrar estímulos para criar, expressar ideias e pensamentos, refletir sobre o que aprende, trocar experiências e conhecimentos.

Os temas, os textos, as imagens e as atividades propostos neste livro oferecem oportunidades para que você se desenvolva como estudante e como cidadão, cultivando valores universais como responsabilidade, respeito, solidariedade, liberdade e justiça.

Acreditamos que é por meio de atitudes positivas e construtivas que se conquistam autonomia e capacidade para tomar decisões acertadas, resolver problemas e superar conflitos.

Esperamos que este material didático contribua para o seu desenvolvimento e para a sua formação.

Bons estudos!

Equipe editorial

Conheça seu livro

Conhecer seu livro didático vai ajudar você a aproveitar melhor as oportunidades de aprendizagem que ele oferece.

Este volume contém quatro unidades, cada uma delas com três capítulos. Veja como cada unidade está organizada.

Abertura da unidade

Grandes imagens iniciam as unidades. Aproveite para fazer os primeiros contatos com o tema a ser estudado.

Início do capítulo

Essa página marca o início de um novo capítulo. Textos, imagens variadas e atividades vão fazer você pensar e conversar sobre o tema.

Desenvolvimento do assunto

Os textos, as imagens e as atividades dessas páginas permitirão que você compreenda o conteúdo que está sendo apresentado.

Glossário

Ao longo do livro você encontrará uma breve explicação de algumas palavras e expressões que podem não ser usadas no seu dia a dia.

Saiba mais

Conheça outras informações que se relacionam com os assuntos estudados.

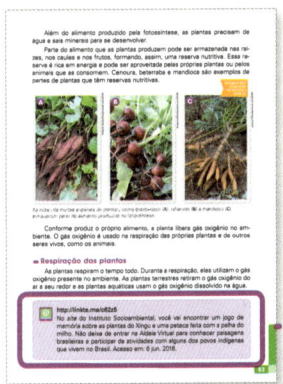

Sugestão de *site*

Você vai encontrar sugestões de *sites* relacionados aos temas estudados.

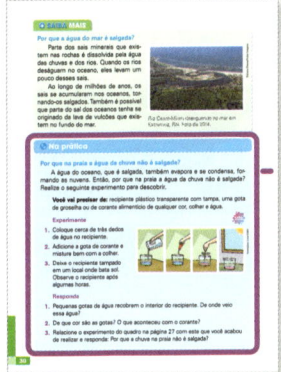

Na prática

Atividades práticas relacionadas ao tema estudado no capítulo. São propostas de fácil execução.

Finalizando o capítulo

As atividades da seção **Agora já sei!** são uma oportunidade para rever os conteúdos do capítulo.

Finalizando a unidade

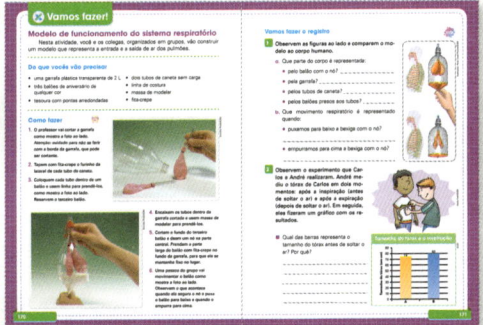

As atividades práticas propostas na seção **Vamos fazer!** vão ajudar você a entender melhor os assuntos.

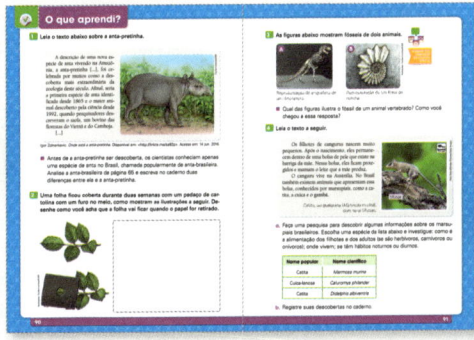

A seção **O que aprendi?** é o momento de verificar o que aprendeu. Dessa forma, você e o professor poderão avaliar como está sua aprendizagem.

Ícones usados no livro

 Atividade em dupla

 Peça a ajuda de um adulto.

 Microscópio
Indica as imagens ampliadas com o auxílio de microscópio.

 **Saber ser**
Sinaliza momentos propícios para o professor refletir com a turma sobre questões relacionadas a valores.

 Atividade em grupo

 Cores-fantasia

 Escala
Informa os valores médios de comprimento, largura ou altura do ser vivo mostrado na foto.

 OED
Indica que há um Objeto Educacional Digital a ser explorado no livro digital.

 Atividade oral

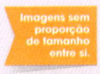 Imagem sem proporção de tamanho entre si.

Sumário

UNIDADE 1 — O planeta Terra

CAPÍTULO 1
Como é a Terra › 10

A Terra por dentro e por fora › 11
A superfície da Terra › 11
O interior do planeta › 12
Rochas e solos › 14
A formação do solo › 15
De que é formado o solo? › 16
Solos e água › 17
Ameaças ao solo › 18
Agora já sei! › 20

CAPÍTULO 2
A água › 22

Estados físicos da água › 23
As mudanças de estado físico da água › 24
Misturas com água › 26
Materiais que não se dissolvem na água › 26
Onde está a água? › 28
A água doce › 28
O ciclo da água › 29
Na prática: Por que na praia
a água da chuva não é salgada? › 30
Por que é preciso economizar água? › 31
Agora já sei! › 32

CAPÍTULO 3
O ar › 34

Onde está o ar? › 35
A composição do ar › 35
O ar e a respiração › 36
O ar e a fotossíntese › 37
Como perceber o ar › 38
Propriedades do ar › 38
Ventos › 39
Os inventos que dependem do ar › 40
A atmosfera terrestre › 42
Poluição do ar › 42
Aquecimento do planeta › 43
Danos à camada de ozônio › 43
Agora já sei! › 44

VAMOS FAZER!
Erosão do solo › 46
Simulando o efeito estufa › 47

O QUE APRENDI? › 48

UNIDADE 2 — Os seres vivos

CAPÍTULO 1
Diversidade da vida › 52

Biodiversidade › 53
As características dos seres vivos › 53
O estudo dos seres vivos › 57
Um nome para cada espécie › 58
Seres do passado › 60
A importância dos fósseis › 60
Agora já sei! › 62

CAPÍTULO 2
Animais › 64

Animais vertebrados e animais invertebrados › 65
Animais vertebrados › 65
Animais invertebrados › 66
A vida dos animais › 68
Respiração › 68
Alimentação › 68
A reprodução dos animais › 70
Um tipo especial de célula › 70
E a vida continua › 71
Agora já sei! › 74

CAPÍTULO 3
Plantas › 76

Os grupos de plantas › 77
Plantas sem sementes › 77
Plantas com sementes › 77
A reprodução das plantas › 80
Reprodução sem fecundação › 80
Reprodução com fecundação › 80
A vida das plantas › 82
Fotossíntese › 82
Respiração das plantas › 83
Transpiração das plantas › 84
Na prática: As folhas transpiram › 84
Agora já sei! › 86

VAMOS FAZER!
As plantas e a luz › 88
Folhas no escuro › 89

O QUE APRENDI? › 90

UNIDADE 3 — Os seres vivos se relacionam

CAPÍTULO 1
Em busca de alimento › 94

Obtenção de alimento › 95
Seres produtores › **95**
Seres consumidores › **95**
Seres decompositores › **96**
Cadeia alimentar › 98
Produtores na cadeia alimentar › **99**
Predadores na cadeia alimentar › **99**
Decompositores na cadeia alimentar › **100**
Alterações na cadeia alimentar › 102
Agora já sei! › **104**

CAPÍTULO 2
Em busca da sobrevivência › 106

Presas e predadores › 107
Para obter alimento › **107**
Tipos de dentes › **107**
Para evitar predadores › **108**
Camuflagem › 110
Na prática: Você vê o que eu vejo? › **113**
Mimetismo › 114
Agora já sei! › **116**

CAPÍTULO 3
Os seres vivos e o ambiente › 118

As relações entre os seres vivos › 119
Predação › **119**
Parasitismo › **120**
Outros tipos de relações › **120**
Os ecossistemas › 122
O ser humano e os ecossistemas › 124
Desmatamento › **124**
Poluição e seres vivos › **125**
Prejuízos às espécies › **125**
Qual é o nosso papel? › 127
Agora já sei! › **128**

VAMOS FAZER!
O que acontece com o lixo na natureza? › **130**
O que é compostagem? › **131**

O QUE APRENDI? › 132

UNIDADE 4 — O ser humano

CAPÍTULO 1
Alimentação › 136

Alimentos e nutrientes › 137
A energia dos alimentos › **138**
Alimentação saudável › 139
A escolha dos alimentos › **139**
Quantidade necessária de alimento › **139**
Problemas ligados à alimentação › **140**
A conservação dos alimentos › 142
Técnicas de conservação › **142**
Prazo de validade › **143**
Agora já sei! › **144**

CAPÍTULO 2
Digestão › 146

Para onde vai o alimento que comemos › 147
Sistema digestório › **147**
Como é a digestão › 148
Na prática: Compreendendo a importância da mastigação › **149**
Como o alimento vai da boca até o ânus? › **150**
A higiene dos alimentos e a saúde › 152
Prevenção de doenças › **153**
O corpo reage › **154**
Agora já sei! › **156**

CAPÍTULO 3
Respiração, circulação e excreção › 158

A respiração › 159
O que acontece enquanto respiramos › **159**
O sistema respiratório › **159**
Entrada e saída de ar › **160**
A circulação e a excreção › 162
Transportar nutrientes e gás oxigênio › **162**
Eliminar resíduos e gás carbônico › **164**
O corpo é um todo integrado › 166
Na prática: Medindo a pulsação › **167**
Agora já sei! › **168**

VAMOS FAZER!
Modelo de funcionamento do sistema respiratório › **170**

O QUE APRENDI? › 172

SUGESTÕES DE LEITURA › 174

BIBLIOGRAFIA › 176

UNIDADE 1
O planeta Terra

Vivemos no planeta Terra. Você já imaginou como ele é quando visto do espaço? E como será o planeta por dentro?

- A professora deve mostrar aos alunos uma foto do planeta Terra. Recorte a maior imagem da página 177 e cole na tela de apresentação. Em sua opinião, o que são as regiões azuis, brancas, verdes e marrons?

- Como são obtidas as informações e imagens da Terra no espaço? Qual instrumento pode ser utilizado para essa finalidade? Monte o *toy* que está no início do livro e descubra como isso acontece.

- Essas imagens mostram a parte externa do nosso planeta. Você sabe como ele é por dentro?

- No dia 22 de abril é comemorado o dia da Terra. Em sua opinião, por que existe um dia dedicado ao nosso planeta? Procure descobrir que tipo de atividades são realizadas nesse dia.

CAPÍTULO 1 — Como é a Terra

Leia o texto a seguir.

> Um jovem e seu tio resolvem viajar ao centro da Terra. Dirigem-se, então, à cratera de um vulcão na Islândia, que acreditam ser a porta de entrada para o interior do planeta. Na incrível aventura, encontram um mundo subterrâneo repleto de surpresas que vão de oceanos a dinossauros. Parece fantástico? [...]

Ilustração do artista Pannemaker, presente no livro original *Viagem ao centro da Terra*, de Júlio Verne, publicado em 1864.

Catarina Chagas. *Viagem ao centro da Terra*. Disponível em: <http://linkte.me/o1181>. Acesso em: 23 fev. 2016.

O texto se refere ao livro *Viagem ao centro da Terra*, escrito por Júlio Verne em 1864.

1 Você já parou para pensar como deve ser o centro da Terra? Escreva no caderno o que você imagina encontrar no interior do planeta.

2 Apresente seu texto aos colegas e veja o deles. Existem características comuns entre suas ideias e as deles?

A Terra por dentro e por fora

A primeira foto da Terra vista por inteiro foi feita em 1972. Esta foto possibilitou à humanidade conhecer nosso planeta a partir do espaço. Mas, muito antes, as pessoas também se questionavam como seria a Terra por dentro.

Apollo 17/Johnson Space Center/Nasa

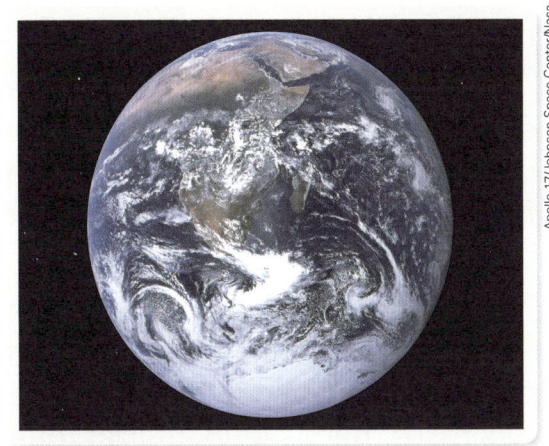

Durante viagem espacial em 1972, a equipe da nave Apollo 17 fez a primeira foto da Terra vista do espaço.

A superfície da Terra

A Terra é formada por camadas com diferentes características.

Crosta é a camada sólida que envolve a Terra, formada por rochas. Sua porção mais externa é conhecida como **superfície terrestre**.

A superfície do planeta é irregular, apresentando áreas elevadas, como as montanhas, e áreas mais baixas. Geralmente, as áreas mais baixas são cobertas por água no estado líquido, caso dos oceanos, por exemplo.

Além de água, a superfície terrestre pode apresentar outros tipos de coberturas, como florestas, desertos e cidades.

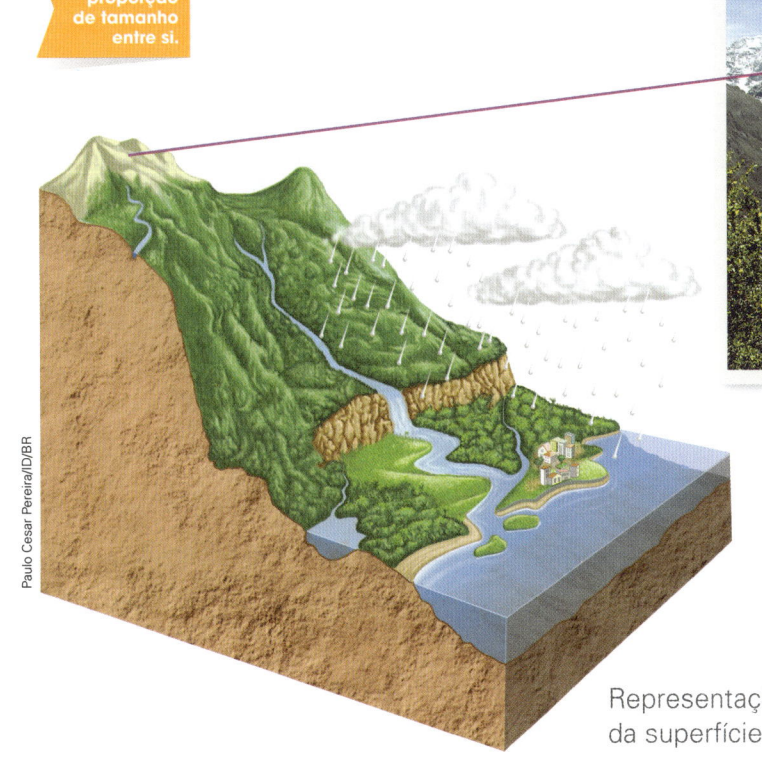

Imagens sem proporção de tamanho entre si.

Timothy G. Laman/National Geographic/Getty Images

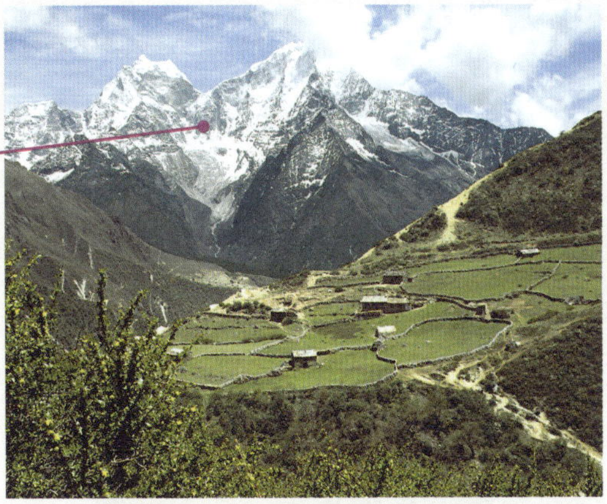

O monte Everest é a montanha mais alta da Terra. Ele fica na fronteira entre o Nepal e o Tibete (China), na Ásia, e mede mais de 8 quilômetros de altura.

Paulo Cesar Pereira/ID/BR

Representação de parte da superfície terrestre.

■ O interior do planeta

Da superfície ao centro da Terra há mais de 6 mil quilômetros.

O interior do planeta é quente, e a temperatura aumenta com a profundidade. Nas partes mais profundas, a temperatura é centenas de vezes mais alta do que a temperatura da superfície, onde vivemos.

Por ser muito quente, é impossível chegar ao interior da Terra. Assim, é necessário utilizar diferentes métodos e aparelhos para colher dados que nos ajudam a estudar indiretamente o interior do planeta.

Pesquisador utilizando sismógrafo no vulcão de Bardarbunga, na Islândia. Esse aparelho permite estudar o interior da Terra. Foto de 2014.

A estrutura da Terra

Abaixo da crosta está o **manto**, formado por material sólido ou **parcialmente** derretido. Essa é a camada mais espessa da Terra, estendendo-se até quase a metade da distância entre a superfície e o centro do planeta.

O **núcleo** fica abaixo do manto. As temperaturas no núcleo são mais altas do que as do manto. O núcleo tem uma parte mais interna, sólida, e outra mais externa, líquida.

> **Parcialmente:** não completamente; em parte.

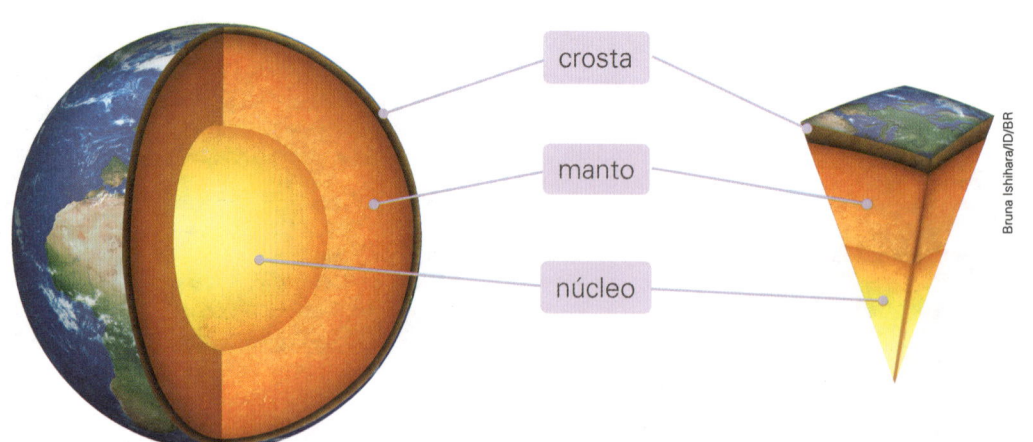

Representação da estrutura interna do planeta Terra.

Fonte de pesquisa da ilustração: Frank Press e outros autores. *Para entender a Terra.* Porto Alegre: Bookman, 2006. p. 37.

1 Converse com os colegas e responda: Quais são as características da superfície terrestre?

+ SAIBA MAIS

Vulções

Magma é um material pastoso muito quente que pode ser originado pelo derretimento de rochas do interior do planeta.

Quando chega à superfície por aberturas existentes na crosta, o magma, que passa a ser chamado de **lava**, se resfria e solidifica em forma de cone, formando os **vulções**. Além de lava, os vulções liberam cinzas e gases.

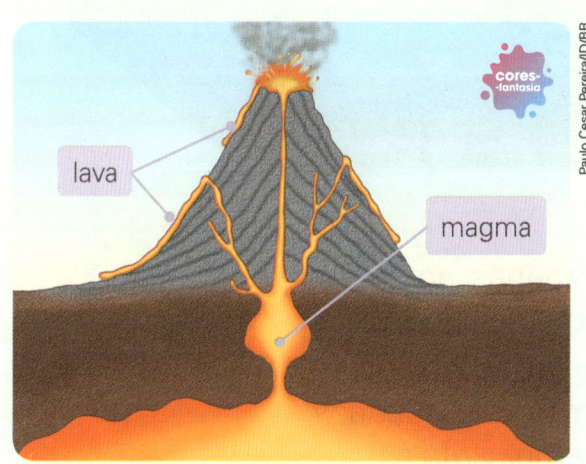

Representação do interior de um vulcão.

Desde 1999, o vulcão Tungurahua, no Equador, alterna períodos de atividade e de calmaria.

Fonte de pesquisa da ilustração: Revista *Ciência Hoje na Escola*, v. 10: Geologia. Rio de Janeiro: SBPC; São Paulo: Global, 2001. p. 13.

2 Agora que você já conhece o interior do nosso planeta, em sua opinião, seria possível fazer uma viagem ao centro da Terra? Por quê?

_____
_____
_____
_____

3 Observe a representação do vulcão no quadro **Saiba mais** acima. Converse com um colega e proponham hipóteses para explicar essa forma em cone dos vulções.

_____
_____
_____
_____

Rochas e solos

Na crosta terrestre existe uma grande variedade de rochas.

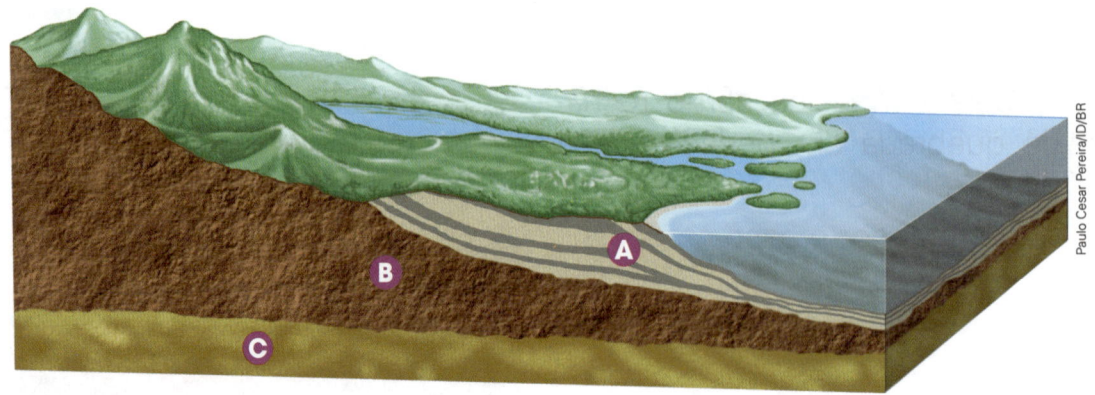

A, B e C representam diferentes tipos de rochas da crosta terrestre.

Algumas rochas são formadas por apenas um **mineral**, enquanto outras são formadas por dois ou mais minerais.

Em alguns casos é possível identificar os minerais da rocha a olho nu. No granito, por exemplo, podemos ver pequenos pedaços de quartzo, mineral de aparência semelhante à do vidro.

Mineral: tipo de componente das rochas.

Extração de granito na Finlândia em 2014.

No granito, o mineral quartzo (com aparência semelhante à do vidro) está acompanhado por outros minerais.

As diferentes características das rochas determinam o uso que elas terão. O mármore, por exemplo, pode ser esculpido e, por isso, muitos artistas o usam como matéria-prima em obras de arte. Outras rochas são constituídas por metais, como ferro e alumínio, que são extraídos e utilizados nas usinas siderúrgicas.

O mármore é uma rocha utilizada por muitos artistas para fazer esculturas.

Escultura em mármore, chamada *Nu*, feita pelo artista Auguste Moreau no século XIX.

A formação do solo

As rochas da crosta terrestre dão origem ao solo. A transformação de rocha em solo demora milhares de anos. Nesse processo, a rocha original, também conhecida como rocha-mãe, é quebrada em pedaços cada vez menores.

Veja como ocorre esse processo:

Os componentes da rocha-mãe estão bem unidos.

A ação da umidade e da temperatura provoca rachaduras. Em lugares frios, o gelo também quebra a rocha. As rachaduras vão aumentando de tamanho e os pedaços de rocha se soltam.

Ao longo do tempo, a rocha transformada em solo passa a ter muitos espaços entre os pedaços de rocha. Nesses espaços, a água e o ar podem penetrar, possibilitando o desenvolvimento de plantas e animais.

Folhas, restos de plantas e animais (fezes, pele e ossos) misturam-se à superfície do solo, enriquecendo-o com nutrientes. A maior disponibilidade de nutrientes facilita o desenvolvimento de novas plantas.

O processo de formação do solo é contínuo. Com o tempo, o solo vai ganhando camadas, desde as mais superficiais, que sofreram mais transformações, até as mais profundas, pouco transformadas, próximas à rocha-mãe.

O tipo de rocha-mãe e os processos de transformação podem variar. Por isso, existem muitos tipos de solo, com características diferentes.

De que é formado o solo?

O solo é composto por elementos resultantes da desestruturação das rochas (**parte mineral**), restos de organismos mortos (**parte orgânica**), **ar** e **água**.

Os solos podem ser formados por camadas de diferentes tonalidades. Isso depende, entre outros fatores, dos componentes da rocha que o originou.

Solos originados do basalto em geral são avermelhados.

A **parte mineral** do solo geralmente contém argila e grãos de areia em quantidades variáveis.

Os solos com grande concentração de **matéria orgânica** são, em geral, escuros, úmidos e contêm sais minerais que favorecem o desenvolvimento das plantas.

Ar e **água** preenchem os poros, que são pequenos espaços existentes entre as partículas do solo. O gás oxigênio presente no ar é utilizado na respiração tanto dos animais que vivem no solo como das raízes das plantas. As raízes também absorvem uma mistura de água e sais minerais.

O solo adubado, em geral de coloração escura, é rico em matéria orgânica.

1. Imagine que você precisa escolher um lugar para plantar a muda de uma árvore. Qual característica visual do solo poderia indicar que ele é bom para o crescimento dessa árvore? Por quê?

Solos e água

A água que cai sobre o solo pode penetrar pelos poros e atingir camadas mais profundas. A capacidade do solo de absorver água depende, entre outros fatores, dos espaços existentes entre os grãos.

Os grãos de areia são maiores que as partículas de argila. Portanto, os espaços existentes entre esses grãos também são maiores. Assim, os solos arenosos (que têm mais areia) são mais **permeáveis**, pois a água atravessa mais facilmente esses espaços. Já os solos argilosos apresentam espaços menores, retendo mais água.

> **Permeável:** que permite a passagem da água.

O vaso **A** contém areia e o vaso **B** contém argila. Repare que o prato do vaso **A** tem mais água que o prato do vaso **B**. Isso acontece pois uma maior quantidade de água fica retida entre as partículas de argila.

2 Converse com um colega sobre este experimento, realizado por um aluno.

Foram preparadas duas misturas de argila e areia, da seguinte maneira:

A – 1 colher de argila e 3 colheres de areia

B – 3 colheres de argila e 1 colher de areia

O aluno misturou bem e colocou cada uma delas em um funil com um pedaço de algodão no fundo. Os funis foram posicionados sobre copos de plástico transparente, e foi mantido um espaço entre o copo e o funil, com o uso de clipes.

Em cada funil foi despejado, ao mesmo tempo, meio copo de água. A figura ao lado mostra o resultado.

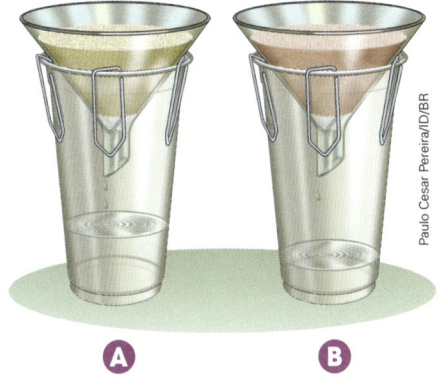

a. O que o aluno provavelmente quis descobrir com esse experimento?

b. Qual mistura reteve mais água? Justifiquem a resposta.

c. Por que as duas misturas apresentam permeabilidades diferentes?

Ameaças ao solo

O vento e a chuva podem alterar as rochas e o solo. As atividades humanas, como a criação de animais, o cultivo de plantas e a construção de cidades, podem intensificar essas alterações.

As partículas que formam o solo podem ser arrastadas pela água das enxurradas ou pelo vento. Esse deslocamento de parte do solo para outras áreas é chamado **erosão**. O corte da vegetação deixa o solo mais exposto e vulnerável à erosão. Isso ocorre porque as plantas formam uma barreira contra o vento e a chuva, e as raízes conservam as partículas do solo, impedindo que sejam arrastadas.

A erosão pode causar a remoção de grandes porções do solo, como nessa área da Região Centro-Oeste do Brasil. Foto de 2012.

Plantar mudas é uma tentativa de recuperar a mata e impedir a erosão. Morro da Formiga, RJ. Foto de 2013.

Nas cidades, grande parte do solo original acaba sendo pavimentada, isto é, coberta por materiais **impermeáveis**, como asfalto e calçamentos. Isso dificulta a infiltração da água no solo. Quando chove, a água escorre pela superfície até se acumular em algum lugar, podendo ocasionar enchentes.

Impermeável: que não é atravessado pela água.

1 Imagine que os terrenos mostrados abaixo sejam de uma mesma região.

Solo arenoso.

Solo argiloso.

Asfalto.

■ Caso a chuva permaneça intensa por algumas horas, em qual dos terrenos é mais provável que ocorra maior acúmulo de água na superfície? Por quê?

_____

_____

Outro problema que afeta os solos é a **contaminação**.

Nas zonas rurais, a aplicação de inseticidas e de outros produtos tóxicos pode contaminar o solo e a água.

Além disso, o lixo sem destino e tratamento adequados também é grande fonte de contaminação do solo. Isso acontece porque, quando se decompõe, o lixo produz um líquido escuro e tóxico chamado **chorume**, que penetra no solo.

Aplicação de produto para combate a pragas em lavoura na cidade de Jataí, GO. Foto de 2013.

➕ SAIBA MAIS

Plantio direto

Nesse sistema, o plantio é feito sobre os restos do cultivo anterior, e o solo é remexido apenas no local em que serão depositadas as sementes e onde será aplicado o fertilizante. Essas condições ajudam a prevenir a erosão porque evitam a exposição do solo ao vento e à água da chuva.

Plantio direto de soja em Santo Antônio do Paraíso, PR, 2013. A palha do cultivo anterior protege o solo da chuva e do vento.

2 Com as palavras do quadro, crie uma legenda para a foto.

chuva

enchentes

penetra

asfalto

cidades

_____

_____

Agora já sei!

1 Leia o texto a seguir.

Nenhum agricultor quer ver sua plantação atacada por insetos. Usar inseticidas é uma forma de combatê-los, mas não é a única. Os insetos podem ser controlados por seres vivos como outros animais ou fungos, que são predadores ou prejudicam o desenvolvimento dos insetos considerados pragas. Esse tipo de controle é chamado de controle biológico, pois envolve seres vivos em vez de produtos químicos.

As lagartas que atacam as plantações de cana-de-açúcar trazem prejuízos aos agricultores. Elas podem ser combatidas pelo controle biológico.

Texto para fins didáticos.

■ Em sua opinião, o controle biológico pode ajudar a conservar o solo? Por quê?

_____

_____

2 Observe as figuras a seguir.

a. Na última figura, vemos o solo erodido, após a retirada das plantas, conforme mostra a segunda figura. De que maneira as plantas protegiam o solo?

_____

_____

b. E o que pode ser feito para recuperar essa área?

_____

20

3 As cenas abaixo mostram a existência de um componente do solo.

Imagens sem proporção de tamanho entre si.

a. Que componente é esse? Como você descobriu?

_____

b. As minhocas permanecem em túneis que escavam no solo. Mas quando chove muito, elas sobem até a superfície. Converse com os colegas e respondam por que isso acontece.

4 Observe o experimento que um aluno fez.

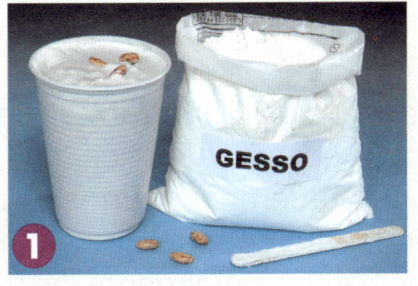

❶ Colocou gesso em pó e água dentro de um copo plástico e misturou bem. Depositou sementes de feijão dentro do gesso ainda mole.

❷ Retirou o copo quando o gesso endureceu.

❸ Dias depois, as sementes germinaram. O desenvolvimento das plantas provocou rachaduras no gesso.

Agora observe a foto ao lado, de uma árvore que cresceu sobre uma rocha.

■ Com base no experimento acima e na foto ao lado, troque ideias com os colegas e respondam: Na opinião de vocês, as plantas podem provocar rachaduras nas rochas que ajudam no processo de formação do solo? Como?

21

CAPÍTULO 2 — A água

Amyr Klink é um famoso navegador brasileiro que tem feito muitas viagens ao longo de sua vida. Ele navega tanto em rios, ambientes de água doce, como no mar, ambiente de água salgada.

Amyr Klink, em uma de suas viagens pelo mundo.

Klink já percorreu os rios Negro e Madeira, na região amazônica, em um pequeno barco a motor. Ele também atravessou o oceano Atlântico, da Namíbia, na África, ao Brasil, em uma viagem que durou cem dias. Em seu barco Paratii, o navegador viajou para a Antártica, continente coberto de gelo ao sul do planeta. Como as tintas usadas para pintar barcos geralmente poluem a água, o Paratii é feito de alumínio e de outros materiais que não enferrujam e, por isso, não precisa ser pintado.

As aventuras que Amyr Klink viveu em cada viagem estão registradas nos livros que ele escreveu.

1. Em suas viagens, Amyr Klink percorreu ambientes de água doce e de água salgada. Quais são eles, segundo o texto?

2. Qual informação da foto indica que ela foi tirada na viagem de Klink à Antártica?

3. A água do mar é salgada e não deve ser bebida. Como é possível encontrar água para beber e cozinhar na Antártica?

4. Sublinhe o trecho do texto que mostra que o navegador é preocupado com a poluição da água.

Estados físicos da água

Na natureza, a água pode ser encontrada em três estados físicos: líquido, sólido e gasoso.

A maior parte da água que existe no planeta está no estado **líquido**, como a água dos rios e oceanos.

O gelo é água no estado **sólido**. Nos ambientes polares, o gelo forma uma grossa camada, que pode ter muitos metros de espessura. A neve, que cai em locais com temperaturas baixas, também é formada por água no estado sólido.

A água que sai da torneira está no estado líquido.

Representação de *iceberg* perto de um navio. A maior parte do iceberg fica submersa.

É possível encontrar gelo até mesmo em regiões quentes. As chuvas de granizo que ocorrem em certos locais do Brasil são formadas por pequenas pedras de gelo.

Iceberg: bloco de gelo que flutua pelos oceanos.

A água no estado **gasoso**, também chamada de vapor de água, é encontrada no ar à nossa volta. Mas não podemos ver o vapor de água presente no ar, porque ele é invisível.

Os três estados físicos da água estão presentes na situação registrada na foto ao lado. A água dos cubos de gelo está no estado sólido. A água do copo e da garrafa estão no estado líquido. O ar ao redor dos objetos contém água no estado gasoso.

Situação que apresenta os três estados físicos da água.

As mudanças de estado físico da água

A água pode mudar de estado físico, isto é, passar de um estado para outro quando a temperatura varia. As figuras a seguir mostram dois exemplos dessas mudanças.

A primeira ilustração mostra o derretimento do gelo, ou seja, a passagem da água do estado sólido para o estado líquido.
A segunda ilustração mostra a passagem do estado gasoso para o líquido, quando o vapor de água que sai da panela se transforma em gotas de água ao atingir a tampa.

A passagem da água do estado sólido para o líquido é chamada de **fusão**. Ao nível do mar, ela acontece a partir da temperatura de 0 °C. Por exemplo, o gelo derrete fora do congelador porque a temperatura do ar ao redor do gelo é maior do que 0 °C.

Ao contrário, a água líquida se transforma em gelo em locais com temperatura abaixo de 0 °C, como dentro de um congelador ou em regiões frias do planeta. Essa mudança é chamada de **solidificação**.

Observe o esquema a seguir. As setas indicam as mudanças que ocorrem entre os estados líquido e sólido da água.

⊕ SAIBA MAIS

A temperatura pode ser medida em unidades, como °C (lê-se grau Celsius). Você já aprendeu outras unidades de medida, como o centímetro (para medir tamanho) e o quilo (para medir massa).

Estabeleceu-se que, ao nível do mar, 0 °C representa a temperatura em que a água congela, e 100 °C representam a temperatura em que a água ferve.

A água líquida também pode passar para o estado gasoso. Essa mudança de estado é chamada de **vaporização**. Ela pode ocorrer principalmente de duas formas.

- **Evaporação**: a água que está na superfície recebe um pouco de calor do ambiente e passa lentamente para o estado gasoso. As roupas que secam no varal são um exemplo de evaporação.
- **Ebulição**: a mudança é mais rápida e, ao nível do mar, ocorre quando a água atinge 100 °C. Formam-se bolhas de vapor de água tanto na superfície como no interior do líquido. A vaporização da água em um recipiente colocado sobre uma chama é um exemplo de ebulição.

A roupa fica seca porque a água evapora e se mistura ao ar.

A água se transforma em vapor de água durante a ebulição. Por isso, o nível da água líquida no recipiente diminui.

O vapor de água pode voltar ao estado líquido quando submetido a temperaturas mais baixas do que a temperatura dele. Essa mudança de estado é chamada de **condensação**.

Observe um exemplo de condensação na segunda figura da página anterior: o vapor que sai da panela se condensa ao entrar em contato com a tampa, voltando ao estado líquido.

1 Ao sair de um banho quente, Beto ficou intrigado ao notar que, mesmo mantendo a porta de vidro fechada, havia gotas de água nos azulejos.

- Explique por que os azulejos ficaram molhados.

_____

_____

_____

Misturas com água

O que acontece quando alguém mistura uma colher de açúcar em um copo com água? Os grãos de açúcar parecem "sumir" na água. Mas, se você experimentar o líquido, sentirá um gosto doce. Afinal, onde foi parar o açúcar?

Nesse caso, dizemos que o açúcar se dissolveu na água. Isso significa que o açúcar é **solúvel** em água e que a água é um **solvente**. Alguns materiais apresentam maior facilidade em se dissolver do que outros.

Nesse exemplo do açúcar, após a dissolução em água, não é mais possível diferenciar as duas substâncias, pois elas se misturaram e formaram uma **solução**.

> **Solução:** líquido que contém substâncias dissolvidas.

Antes de colocar o açúcar na água, conseguimos enxergá-lo.

O açúcar dissolvido em água se torna invisível. É formada uma solução açucarada.

A água é considerada um bom solvente porque dissolve vários materiais. Ela também pode dissolver gases. A água de rios, lagos e mares contém ar dissolvido. Isso garante a vida dos seres aquáticos, que respiram o gás oxigênio dissolvido nela.

O aquário deste peixe tem uma bomba que produz bolhas de ar, o que ajuda a dissolver o gás oxigênio na água.

▬ Materiais que não se dissolvem na água

Materiais como a areia são pouco solúveis em água, isto é, não se dissolvem facilmente nela. O mesmo acontece com certos líquidos, como o óleo. Os materiais insolúveis em água podem ser identificados, pois permanecem separados dela. Por exemplo, ao colocar areia na água, depois de algum tempo os grãos sólidos ficarão no fundo do recipiente, diferenciando a areia da água. Os materiais dissolvidos em água não apresentam essa diferenciação.

+ SAIBA MAIS

Como separar o sal da água?

Quando dissolvemos sal em água, ele não "vai embora" ou "deixa de existir". O sal se dissolve na água e, por isso, ela fica salgada. Mas é possível separar essas duas substâncias. Observe o procedimento a seguir.

Dissolvemos uma colher (de sopa) de sal na água de um copo.

Colocamos essa mistura em uma bandeja e a deixamos em um lugar arejado e exposto ao sol.

Quando a água evapora, o sal fica novamente visível. Isso acontece porque, ao evaporar, a água é separada de todos os materiais que estão dissolvidos nela.

Nas salinas, a água do mar fica em reservatórios grandes e rasos, expostos ao sol e ao vento. Após a evaporação de quase toda a água, resta o sal no fundo do reservatório. Esse processo serve, por exemplo, para a obtenção do sal de cozinha. Salina na cidade de Cabo Frio, RJ. Foto de 2013.

1 Em um experimento, o professor colocou a mesma quantidade de água em quatro copos e fez as misturas representadas a seguir.

2 colheres (de sopa) de óleo em água

2 colheres (de sopa) de cascalho em água

2 colheres (de sopa) de vinagre em água

2 colheres (de sopa) de groselha em água

a. Quais materiais se dissolveram na água? _____

b. Quais materiais não se dissolveram na água? _____

c. Pesquise outros dois materiais que se dissolvem na água e outros dois que não se dissolvem na água.

Onde está a água?

A água é fundamental para a existência de vida.

O corpo de todos os seres vivos contém água, em maior ou menor quantidade. No sangue do corpo humano, por exemplo, a água é responsável por dissolver e transportar diversas substâncias pelo organismo.

Além da água necessária para o bom funcionamento do corpo, ingerida através da alimentação, muitos seres vivos precisam de água no ambiente em que vivem, caso dos organismos aquáticos. Eles podem habitar locais com água doce ou água salgada.

O diagrama ao lado representa a água que existe na Terra. A parte em verde corresponde à água salgada, e a parte em cinza corresponde à água doce. É possível ver que a maior parte da água no planeta Terra é salgada.

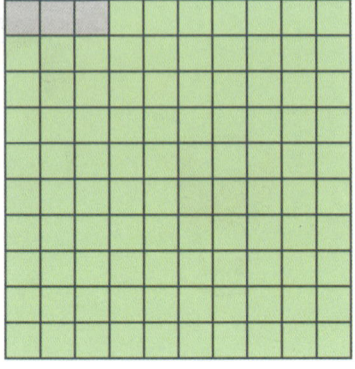

Diagrama representando a quantidade de água salgada (em verde) e de água doce (em cinza) no planeta Terra.

▬ A água doce

Apenas uma pequena parte da água doce da Terra está em rios e lagos.

A maior parte está congelada nos polos, o que dificulta o uso pelas pessoas. Outra parte está em **aquíferos**, que são reservas subterrâneas em alguns lugares no planeta. Os aquíferos são formados pela água das chuvas, que infiltra através dos poros do solo e das rochas.

Foto de barco navegando no rio Amazonas, em Parintins, AM, 2013. Esse rio é tão largo que, em certos pontos, não é possível ver a outra margem.

1 Pense em tudo o que você fez ontem. Em quais situações você utilizou água? Como seriam as atividades se não houvesse água disponível?

_____
_____
_____
_____

2 Você conhece alguma fonte de água doce no município onde mora ou nos municípios próximos? Como ela é?

O ciclo da água

A água que existe no planeta está sempre em movimento. Ela passa por mudanças de estado e se desloca de um lugar a outro. Esse processo ocorre o tempo todo e recebe o nome de **ciclo da água**.

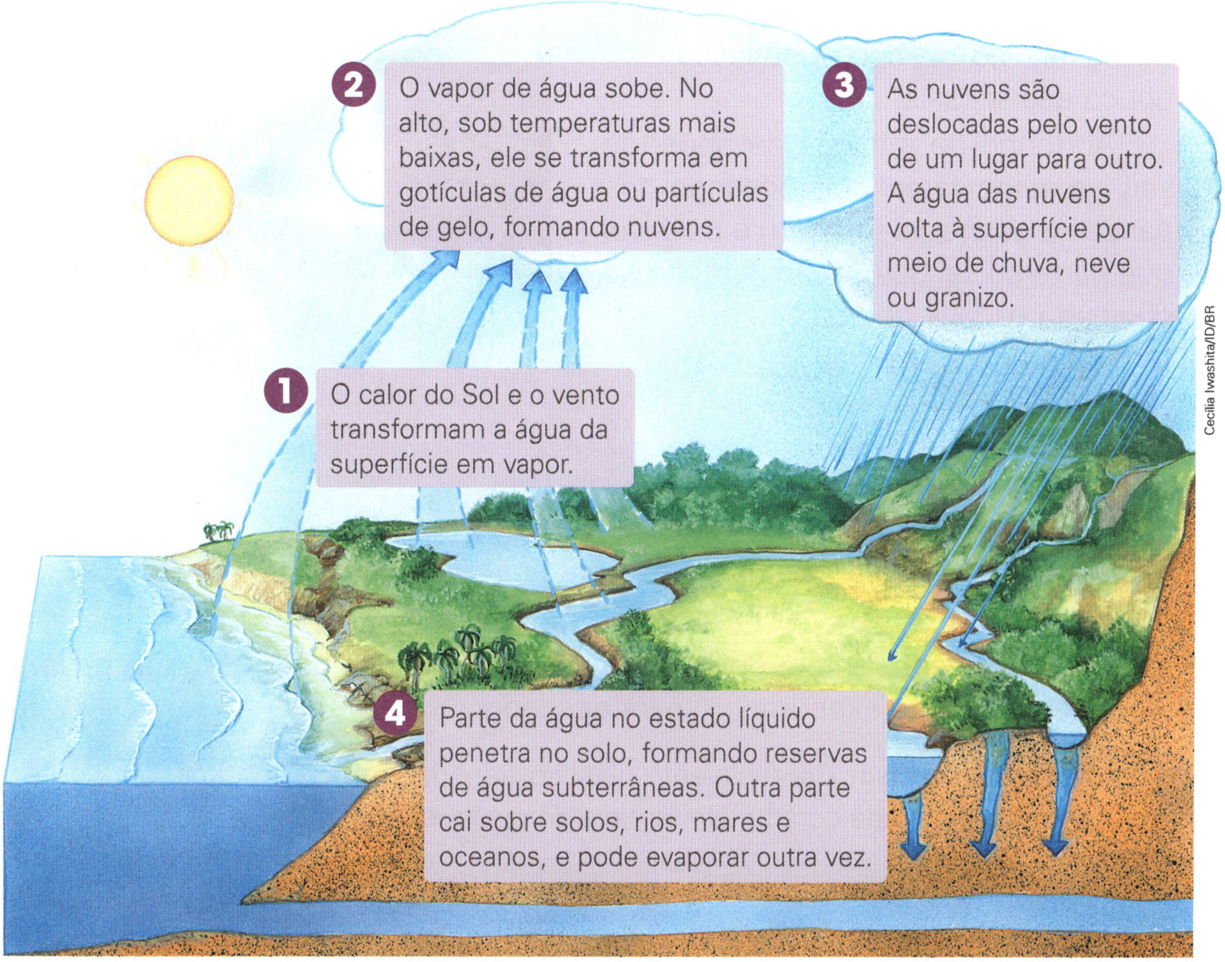
1 O calor do Sol e o vento transformam a água da superfície em vapor.
2 O vapor de água sobe. No alto, sob temperaturas mais baixas, ele se transforma em gotículas de água ou partículas de gelo, formando nuvens.
3 As nuvens são deslocadas pelo vento de um lugar para outro. A água das nuvens volta à superfície por meio de chuva, neve ou granizo.
4 Parte da água no estado líquido penetra no solo, formando reservas de água subterrâneas. Outra parte cai sobre solos, rios, mares e oceanos, e pode evaporar outra vez.

Cecilia Iwashita/ID/BR

Fonte de pesquisa da ilustração: Rolin Clark e Janet King. *O atlas da água*. São Paulo: Publifolha, 2006. p. 20-21.

1 Leia o texto abaixo.

As nuvens se formam quando o vapor de água que existe no ar se resfria, transformando-se em gotículas de água no estado líquido. Em certas nuvens, as gotículas se congelam, formando partículas de gelo tão pequenas que são sustentadas no ar pelos ventos.

Astrid & Hanns-Frieder Michler/SPL/Latinstock

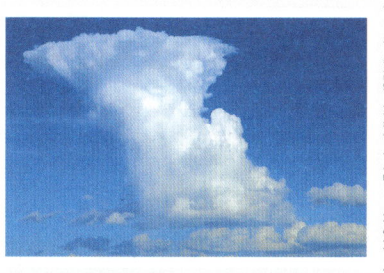

Texto para fins didáticos.

■ Que mudanças de estado são mencionadas no texto?

____

____

SAIBA MAIS

Por que a água do mar é salgada?

Parte dos sais minerais que existem nas rochas é dissolvida pela água das chuvas e dos rios. Quando os rios deságuam no oceano, eles levam um pouco desses sais.

Ao longo de milhões de anos, os sais se acumularam nos oceanos, tornando-os salgados. Também é possível que parte do sal dos oceanos tenha se originado da lava de vulcões que existem no fundo do mar.

Rubens Chaves/Pulsar Imagens

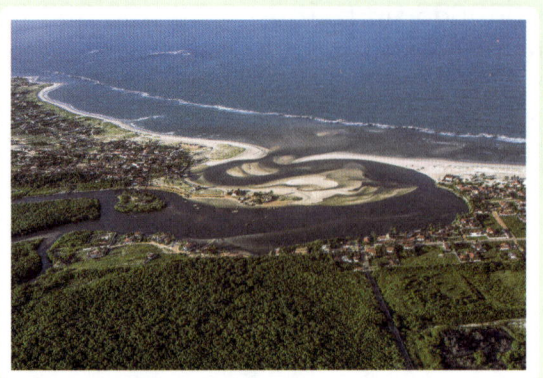

Rio Ceará-Mirim desaguando no mar em Extremoz, RN. Foto de 2014.

Na prática

Por que na praia a água da chuva não é salgada?

A água do oceano, que é salgada, também evapora e se condensa, formando as nuvens. Então, por que na praia a água da chuva não é salgada? Realize o seguinte experimento para descobrir.

Você vai precisar de: recipiente plástico transparente com tampa, uma gota de groselha ou de corante alimentício de qualquer cor, colher e água.

Experimente

1. Coloque cerca de três dedos de água no recipiente.
2. Adicione a gota de corante e misture bem com a colher.
3. Deixe o recipiente tampado em um local onde bata sol. Observe o recipiente após algumas horas.

Ilustrações: Lima ID/BR

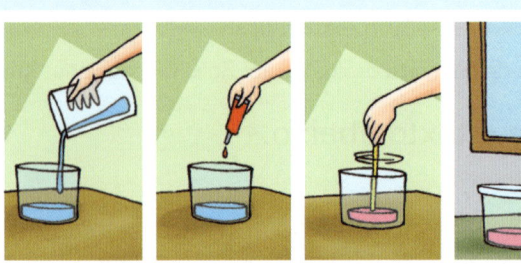

Responda

1. Pequenas gotas de água recobrem o interior do recipiente. De onde veio essa água?
2. De que cor são as gotas? O que aconteceu com o corante?
3. Relacione o experimento do quadro na página 27 com este que você acabou de realizar e responda: Por que a chuva na praia não é salgada?

Por que é preciso economizar água?

A quantidade de água que existe no planeta praticamente não varia. Porém, o consumo de água doce não para de aumentar. Além disso, parte das fontes de água para uso humano é continuamente poluída, tornando-a imprópria para o consumo.

Por isso, não podemos desperdiçar água! É preciso preservar esse recurso!

1 Observe atentamente as personagens da Turma da Mônica.

a. Quais dessas atitudes você costuma ter em sua moradia?

_____
_____
_____

b. Escreva uma atitude relacionada ao uso da água que não aparece entre as dicas da imagem.

_____
_____

Agora já sei!

1 Paulo resolveu pintar uma camiseta e usou três cores diferentes para criar seu desenho. Após conferir as tintas usadas e a estampa criada por ele, represente como vai ficar a camiseta depois de lavada.

Camiseta com desenho criado por Paulo.

2 Observe o esquema.

- Qual mudança de estado da água representa a seta branca? Indique o estado físico da água antes e depois dessa transformação.

_____
_____
_____

3 Crie uma frase sobre a importância da água para os seres humanos usando as palavras do quadro.

água	seres humanos	corpo	lazer
higiene	limpeza	alimentos	objetos

_____
_____
_____

4 O gráfico abaixo mostra como a água de uma residência é usada. As fatias maiores indicam atividades que consomem mais água, enquanto as fatias menores indicam atividades que consomem menos água.

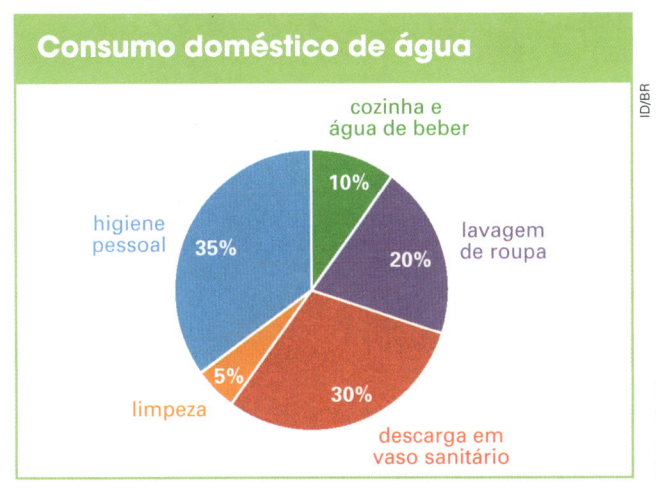

Consumo doméstico de água

- cozinha e água de beber: 10%
- lavagem de roupa: 20%
- descarga em vaso sanitário: 30%
- limpeza: 5%
- higiene pessoal: 35%

Fonte de pesquisa: Robin Clark e Janet King. *O atlas da água*. São Paulo: Publifolha, 2006. p. 31.

■ Quais são as duas atividades mostradas no gráfico que mais gastam água? E qual é a atividade com menor gasto de água?

_____
_____
_____

5 Observe a imagem abaixo.

Vazamento de petróleo em 2016, no município de Tramandaí, RS.

■ Na imagem podemos ver uma mancha de petróleo que vazou no mar. Isso indica que o petróleo é solúvel ou não na água? Por quê?

_____
_____

33

CAPÍTULO 3 — O ar

Leia a história em quadrinhos a seguir.

BIA, APRENDI NA ESCOLA ALGO INCRÍVEL. VOU MERGULHAR ESSE PAPEL EM UMA BACIA COM ÁGUA E ELE SAIRÁ SEQUINHO!

VOU COLOCAR O PAPEL AMASSADO NO FUNDO DE UM COPO.

AGORA MERGULHO O COPO NA BACIA, SEM INCLINÁ-LO.

E RETIRO O COPO DEVAGAR.

1 Observe o quarto quadrinho. O que existe dentro do copo, além do papel?

___

2 O que você acha que aconteceu com o papel? Como você explica isso?

___

3 Não é possível ver o ar. Como você sabe que ele existe?

___

4 O que teria acontecido com o papel se o menino tivesse inclinado o copo? Troque ideias com seu grupo.

___

Onde está o ar?

O ar envolve todo o planeta, formando uma camada chamada atmosfera. Ele está ao redor das pessoas, nos orifícios do solo, dissolvido na água e dentro do corpo dos seres vivos. Na respiração, é possível sentir o ar entrando e saindo do corpo. Podemos mesmo dizer que um copo "vazio" está cheio de ar.

A maior parte do ar está concentrada na camada inferior da atmosfera, mais perto da superfície do planeta. Em locais muito altos, como no topo de certas montanhas, a concentração dos gases que formam o ar é menor e, por isso, é mais difícil respirar. Dizemos que nesses locais o ar é **rarefeito**.

Imagens sem proporção de tamanho entre si.

atmosfera

No topo das montanhas o ar é rarefeito.

Em áreas perto do nível do mar há mais oxigênio.

A cidade de La Paz, capital da Bolívia, fica a 3600 metros acima do nível do mar. Nesse local, o ar é rarefeito. Foto de 2015.

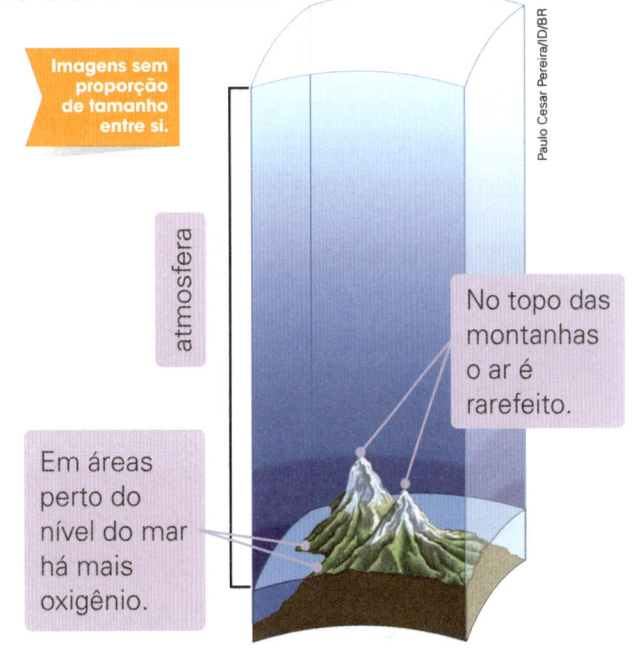

Representação da atmosfera que envolve o planeta Terra.

■ A composição do ar

O ar é formado por uma mistura de **gás nitrogênio**, **gás oxigênio**, **gás carbônico** e outros gases. O diagrama ao lado representa as proporções dos gases que compõem o ar.

- O gás nitrogênio é o que está presente em maior concentração no ar. Para cada 100 litros de ar, 78 litros são de gás nitrogênio.
- O gás oxigênio é indispensável para a respiração da maioria dos seres vivos, entre eles as plantas e os animais. Para cada 100 litros de ar, 21 litros são de gás oxigênio.
- Os outros gases que compõem o ar correspondem, juntos, a apenas 1 litro em cada 100 litros de ar. Entre esses gases está o gás carbônico.

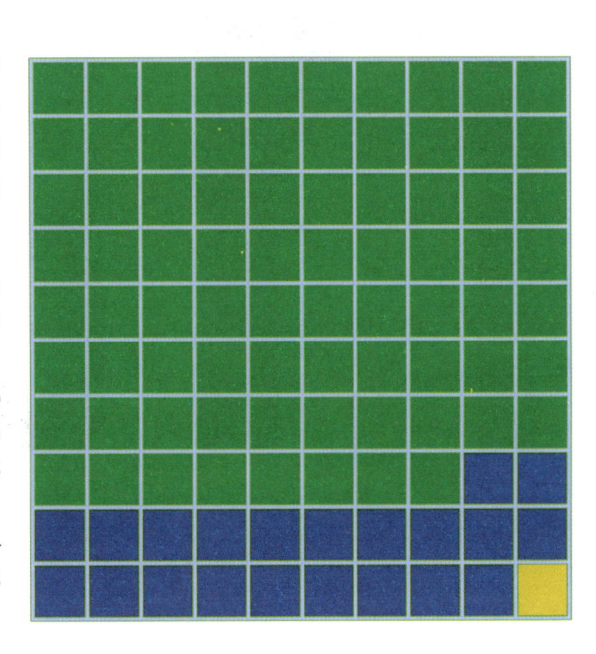

■ O ar e a respiração

As plantas, os animais e muitos outros seres vivos precisam de ar para respirar.

Você respira o tempo todo. A cada vez que respira, um pouco de ar entra em seus pulmões e outro tanto de ar sai deles. O ar que sai de seu corpo tem menos gás oxigênio e mais gás carbônico do que o ar que entra. Isso acontece porque seu organismo utiliza gás oxigênio e produz gás carbônico.

O gás nitrogênio não é utilizado pelo corpo humano durante a respiração.

Os peixes, como essa corcoroca, respiram o gás oxigênio que está dissolvido na água. Tartarugas, golfinhos, baleias e outros animais sobem à superfície para respirar.

⊕ SAIBA MAIS

O que mais existe no ar?

Você já reparou nas gotas de água que se formam na superfície de um copo quando você toma uma bebida gelada em um dia quente? Isso acontece porque existe vapor de água no ar. O vapor de água tem temperatura mais alta que a da superfície do copo. Assim, ao entrar em contato com o copo, esse vapor se condensa, passando do estado gasoso para o estado líquido.

Também existe vapor de água no ar que sai de seu corpo quando você o expira (solta). Se você expirar o ar bem perto de um espelho, ele ficará embaçado – o vapor de água contido no ar expirado se condensa ao encontrar a superfície do espelho.

Repare nas pequenas gotas de água que se formam no lado de fora dessa garrafa.

Em ambientes com baixas temperaturas, o vapor de água liberado na expiração se condensa em contato com o ar frio e forma uma névoa branca.

36

O ar e a fotossíntese

O gás carbônico é essencial para a realização da fotossíntese.

Nesse processo, as plantas produzem o próprio alimento, usando a luz do Sol, o gás carbônico do ar e a água do ambiente em que vivem.

Através da fotossíntese, além da nutrição da planta, ocorre a produção de gás oxigênio. Esse gás é liberado no ambiente e usado na respiração de plantas, animais e outros seres vivos.

As plantas respiram o tempo todo, mas a fotossíntese só ocorre na presença de luz.

1 As figuras abaixo representam a composição do ar em dois momentos da respiração: quando o ar entra no corpo de uma pessoa e quando o ar sai desse corpo.

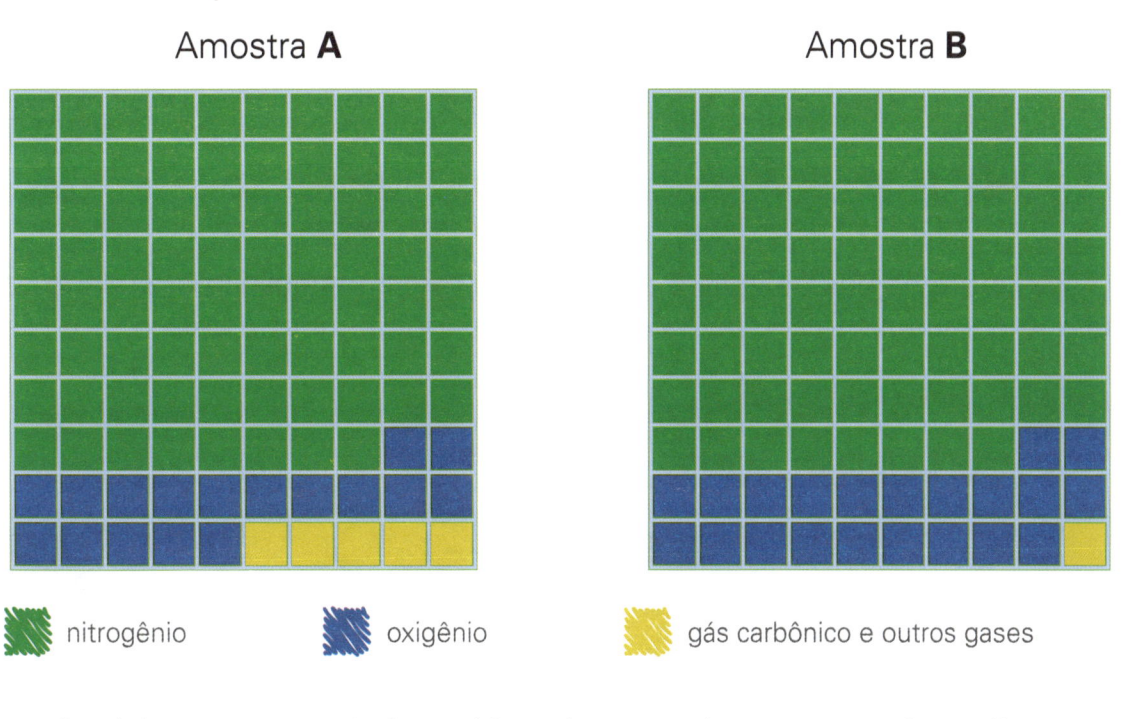

Amostra **A**

Amostra **B**

- nitrogênio
- oxigênio
- gás carbônico e outros gases

a. Qual desses gases é absorvido pelo corpo durante a respiração?

_____

b. Qual das amostras corresponde ao ar que sai do corpo? Explique.

_____

_____

2 Animais, plantas e outros seres vivos consomem gás oxigênio durante a respiração. Por que esse gás não acaba?

Como perceber o ar

Não podemos ver nem pegar o ar. No entanto, reparamos que ele existe quando notamos suas propriedades ou percebemos o vento.

▬ Propriedades do ar

Como tudo o que é feito de matéria, o ar tem massa e ocupa espaço. Além disso, o ar tem a capacidade de se expandir e de ser comprimido.

O ar tem massa

Observe as figuras a seguir.

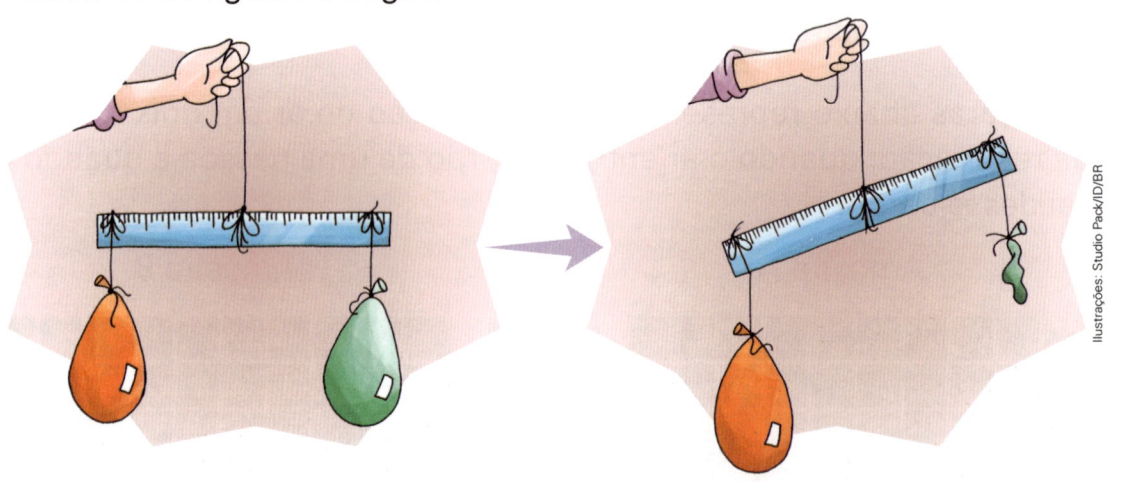

Quando uma das bexigas é esvaziada, a régua se inclina para o lado da bexiga que continua cheia. Isso mostra que o ar no interior da bexiga tem massa.

O ar ocupa espaço

Observe as fotos a seguir.

Uma garrafa vazia foi colocada verticalmente em um aquário com água.

A garrafa foi inclinada.

Na primeira foto, a água não preenche a garrafa porque o recipiente está cheio de ar. Quando a garrafa é inclinada, o ar que está dentro dela escapa, formando bolhas, e a água entra na garrafa, ocupando o espaço deixado pelo ar.

O ar se espalha

O ar não tem forma definida e se espalha até ocupar todo o espaço disponível no recipiente ou no ambiente em que estiver.

O ar pode ser comprimido

Você já sabe que o ar se espalha até ocupar todo o espaço disponível. Ele também pode ser comprimido, isto é, ocupar um espaço menor dentro de um recipiente. Observe as figuras abaixo.

Imagens sem proporção de tamanho entre si.

1 Tapamos com o dedo o bico de uma seringa sem agulha.

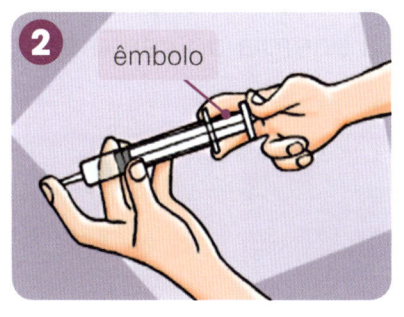

2 Empurramos o **êmbolo** da seringa, que se move até um limite.

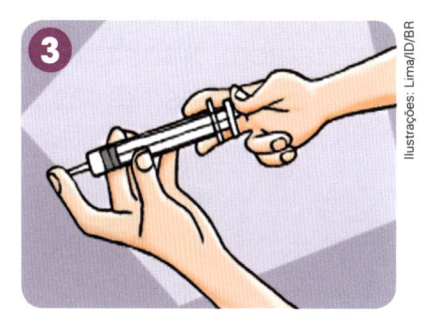

3 O ar, agora comprimido ao máximo dentro da seringa, não permite que o êmbolo seja empurrado até o fim do tubo.

Êmbolo: disco ou cilindro móvel presente no interior de seringas e bombas.

▪ Ventos

O vento é um movimento do ar. Sentimos o vento sobre a pele e vemos, por exemplo, que ele sacode as roupas no varal. Ventos muito fortes, como ciclones e furacões, podem derrubar árvores e destruir casas.

O vento se forma assim: o calor do Sol aquece a superfície terrestre e aquece também o ar próximo à superfície. O ar aquecido tende naturalmente a subir. Quando o ar quente sobe, ele libera um espaço. Então, o ar resfriado de regiões próximas ocupa o lugar do ar quente que subiu.

Representação do movimento das massas de ar formando os ventos.

■ Os inventos que dependem do ar

Mesmo sem ver o ar, o ser humano é capaz de estudar o vento e construir muitos inventos.

Há centenas de anos, o ser humano utiliza o vento para mover barcos a vela e moinhos. O vento bate na vela, empurrando a embarcação, que desliza na água. Nos moinhos, o vento bate nas pás. Elas giram e ativam um mecanismo que permite bombear água ou moer grãos.

No século XX, foram inventadas as turbinas eólicas, que usam os ventos para produzir energia elétrica. O vento move as pás das turbinas, que ativam um gerador, transformando a energia do vento em energia elétrica.

Imagens sem proporção de tamanho entre si.

O vento move embarcações a vela, como essa jangada, em Recife, PE. Foto de 2013.

Turbinas eólicas na cidade de Beberibe, CE. Foto de 2014.

⊕ SAIBA MAIS

O voo planado de algumas aves

Grandes aves, como o urubu-de-cabeça-preta, aproveitam o movimento das correntes de ar criadas pelas diferenças de temperatura. O urubu abre suas grandes asas para subir com o ar aquecido e assim economiza energia, pois não precisa bater as asas. Além disso, voa em círculos para subir mais alto.

trajetória do voo do urubu

correntes de ar aquecido entre nuvens

Esquema de voo planado do urubu.

40

1 A foto ao lado mostra o ar do interior de um balão sendo aquecido – a chama do maçarico é uma fonte de calor.

■ Um balão poderia flutuar se estivesse cheio de ar à temperatura ambiente? Por quê?

_____

_____

_____

Balão sendo inflado na República da Belarus. Foto de 2014.

2 Em aeroportos, a biruta é usada para indicar o sentido do vento.

■ Quando a foto ao lado foi tirada, em que sentido o vento estava soprando: para a direita ou para a esquerda de quem olha a imagem?

_____

_____

Biruta localizada em Piracicaba, SP. Foto de 2012.

3 Retome o experimento mostrado na página 34 deste capítulo e reveja as perguntas. Suas respostas mudaram ou continuam as mesmas?

_____

_____

_____

■ Desenhe o que teria acontecido com o papel se o menino tivesse inclinado o copo. Você pode inserir setas e textos com explicações na figura.

41

A atmosfera terrestre

Na atmosfera, camada de ar que envolve nosso planeta, são encontrados gases como o oxigênio (utilizado na respiração) e o gás carbônico (utilizado na fotossíntese).

A atmosfera também armazena parte do calor vindo do Sol durante o dia, impedindo que esse calor volte para o espaço. Esse fenômeno, chamado de **efeito estufa**, evita grandes variações de temperatura entre o dia e a noite.

Outro gás presente na atmosfera é o ozônio. A faixa em que esse gás se concentra é chamada de **camada de ozônio**. Ela está localizada a quilômetros de distância da superfície da Terra e filtra parte dos raios ultravioleta emitidos pelo Sol, protegendo os seres vivos.

Representação do efeito estufa. Parte dos raios solares que atingem a Terra ficam presos na atmosfera (seta vermelha).

Poluição do ar

A composição da atmosfera vem sendo modificada pela ação humana. Escapamentos de veículos, chaminés de indústrias e queimadas de florestas e de plantações liberam impurezas no ar.

Quando as impurezas ficam muito concentradas, o ar torna-se poluído. Como os ventos movimentam massas de ar por todo o planeta, os poluentes produzidos em um lugar podem ser levados para locais distantes.

Relógio de rua indicando péssima qualidade do ar na capital de São Paulo. Foto de 2014.

Fumaça liberada por veículos na capital de São Paulo. Foto de 2012.

1 De que forma os escapamentos de veículos e as queimadas causam prejuízos ao ar?

■ Aquecimento do planeta

As queimadas e o uso de combustíveis como gasolina e óleo *diesel* lançam poluentes no ar. O gás carbônico é um dos gases liberados nessas situações e está se acumulando em grandes quantidades na atmosfera.

Como retém calor próximo à superfície da Terra, o gás carbônico intensifica o efeito estufa, aumentando a temperatura média do planeta.

Atualmente, os cientistas continuam pesquisando os efeitos do aumento da quantidade de gás carbônico no ar e as maneiras de diminuir as liberações desse gás.

Urso-polar em meio a placas de gelo em derretimento. Arquipélago de Svalbard, Noruega. Foto de 2012.

■ Danos à camada de ozônio

Há algumas décadas, os cientistas descobriram que a camada de ozônio em certas regiões do planeta estava ficando menor.

Essa diminuição causou a redução do efeito protetor desse gás contra parte dos raios ultravioleta emitidos pelo Sol. Consequentemente, os seres vivos ficam mais expostos a esses raios.

A principal causa da destruição do ozônio foi o uso industrial de gases chamados clorofluorocarbonetos (CFCs), encontrados, por exemplo, em aerossóis e geladeiras. Aos poucos, os CFCs passaram a ser substituídos por outros gases, inofensivos para a camada de ozônio. No entanto, parte dos CFCs permanece por muito tempo na atmosfera. Por isso, acredita-se que ainda demore alguns anos para a camada de ozônio se recuperar.

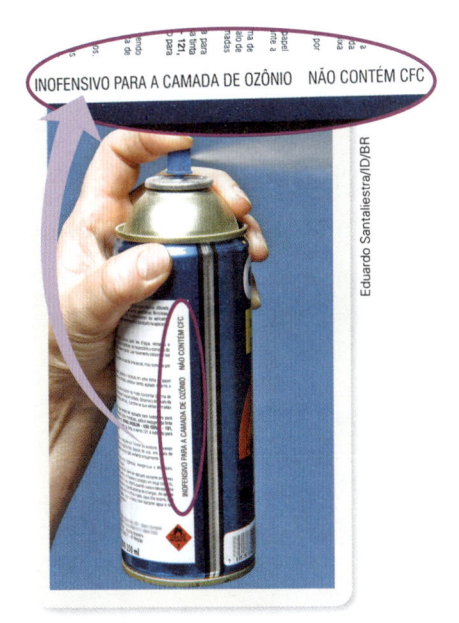

Atualmente, muitos produtos em aerossol informam no rótulo que não contêm CFC.

2 Por que a destruição da camada de ozônio prejudica seres humanos e outras formas de vida?

Agora já sei!

1 Os gases listados a seguir estão presentes na atmosfera. Crie uma frase para cada um deles.

- Gás ozônio: _____
  _____

- Gás carbônico: _____
  _____

- Gás oxigênio: _____
  _____

- Gás nitrogênio: _____
  _____

2 Observe as figuras e assinale a situação em que a pessoa vai perceber o ar que sai da geladeira em temperatura mais baixa.

■ Converse com os colegas e elabore uma explicação para sua escolha.

_____
_____
_____

3 Além de recompor a vegetação de uma região, a recuperação de florestas ajuda a diminuir a quantidade de gás carbônico no ar.

a. Como as plantas ajudam a diminuir a quantidade de gás carbônico no ar?

_____

_____

_____

Ação de restauração florestal em Taubaté, SP. Foto de 2015.

b. O que provoca o aumento da quantidade de gás carbônico no ar?

_____

_____

c. Diminuir a quantidade de gás carbônico no ar pode ajudar a amenizar qual problema ambiental?

_____

_____

4 Observe a imagem abaixo.

O MÉDICO DISSE QUE ESSA TOSSE PODE TER SIDO CAUSADA PELA POLUIÇÃO DO AR.

■ Se a família mora em um sítio e não tem veículo movido a combustível, como pode a poluição ser a causa do mal-estar da criança?

_____

_____

_____

45

Vamos fazer!

Erosão do solo

Você já aprendeu que a água e o vento podem causar a erosão do solo. Em grupos de quatro ou cinco alunos, façam o experimento a seguir, que é um modelo de como a erosão acontece.

Do que vocês vão precisar

- amostra de solo com plantas
- amostra de solo nu
- duas caixas plásticas para colocar os solos
- canudo de plástico
- jarra plástica com água
- copo plástico
- apoio para os vasos (revistas e cadernos usados, por exemplo)

Como fazer

1. Coloquem as caixas plásticas em um local plano. Posicionem o canudo a 5 cm da superfície do solo nu e assoprem. Façam o mesmo com a outra amostra.

2. Utilizem o apoio para inclinar uma das caixas e despejem um copo de água sobre ela. Observem o que aconteceu. Depois, façam o mesmo com a outra amostra de solo.

Vamos fazer o registro

1 Nesse experimento, o que causa erosão nas amostras de solo?

2 O que aconteceu quando vocês assopraram as amostras de solo com o canudo? Em qual deles houve maior erosão?

3 O que aconteceu quando vocês despejaram água nas caixas?

4 Os resultados seriam diferentes se vocês aumentassem a inclinação das duas caixas?

5 Relacione os resultados desse experimento a situações encontradas na natureza.

Simulando o efeito estufa

O efeito estufa é um fenômeno natural que permite manter a temperatura da Terra adequada à existência da vida. Faça, com os colegas, esta simulação do efeito estufa.

Do que vocês vão precisar

- dois copos de plástico transparente com água na mesma temperatura
- caixa de sapatos
- pedaço de filme plástico para cobrir a caixa
- pedaço de papel-alumínio para forrar a caixa

Como fazer

1. Forrem a parte interna da caixa de sapatos com o papel-alumínio. Coloquem um dos copos com água dentro da caixa.
2. Cubram a parte de cima da caixa com o filme plástico.
3. Durante dez minutos, deixem expostos ao sol a caixa com o copo e também o outro copo. Na opinião do grupo, qual dos copos ficará com a água mais aquecida?
4. Quando se passarem os dez minutos, coloquem, ao mesmo tempo, uma mão na água que ficou no copo dentro da caixa e a outra mão na água do outro copo.

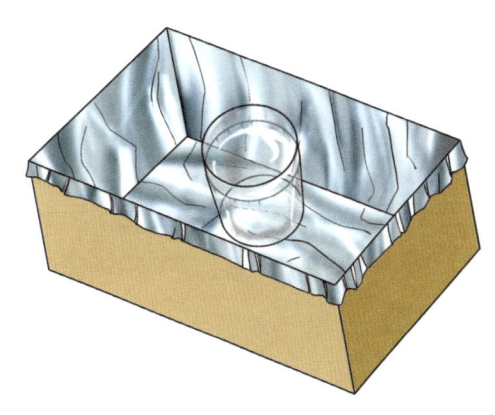

Vamos fazer o registro

1. Qual das duas amostras de água ficou mais aquecida? Como vocês explicam essa diferença?

2. No experimento, para que serve o filme plástico da cobertura da caixa?

3. O resultado do experimento seria o mesmo se vocês trocassem o filme plástico pelo papel-alumínio para cobrir a caixa? Por quê?

4. Por que o título do experimento é "Simulando o efeito estufa"?

O que aprendi?

1 As figuras a seguir mostram o que acontece com a água quando ela congela.

Imagens sem proporção de tamanho entre si.

a. Na figura abaixo, por qual mudança de estado a água passou?

Água em estado líquido.   Água em estado sólido.

_____

b. Observe que o gelo ficou acima da marca que indicava o nível da água líquida. Isso acontece porque a água ocupa mais espaço quando congela. Considere essa característica da água e explique o que ocorre com a rocha nas situações representadas a seguir.

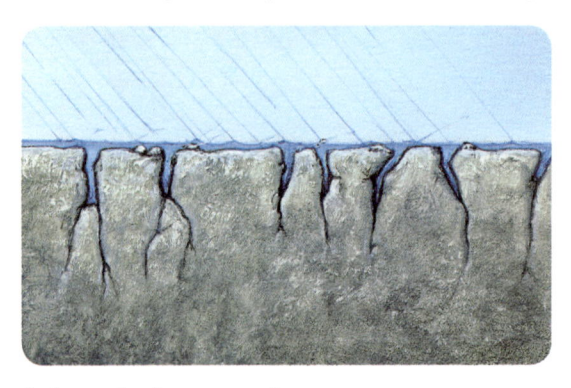

A água da chuva penetra em pequenas rachaduras que existem na superfície da rocha.

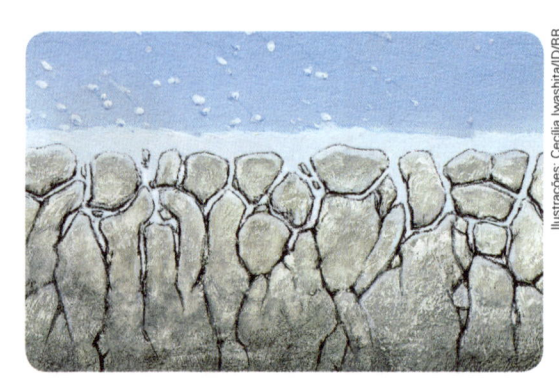

Em regiões muito frias, a água pode congelar.

_____
_____
_____

@ http://linkte.me/c8faz
Nesse *site* há histórias da Turma da Mônica sobre chuvas, ventos e outros fenômenos climáticos. Acesso em: 4 jul. 2016.

2 Veja a manchete de uma notícia que o jornal *Folha de S.Paulo* publicou em 4 de janeiro de 1988.

> *Camada de ozônio diminui em todo o planeta, diz estudo*
> Da "France Presse"

- A manchete traz uma boa ou uma má notícia? Explique.

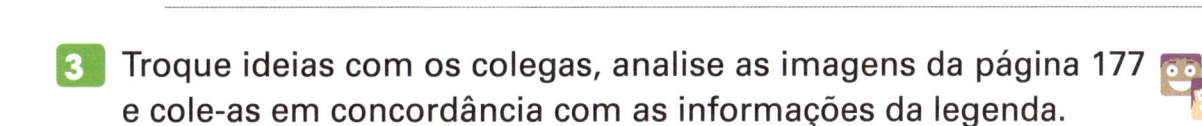

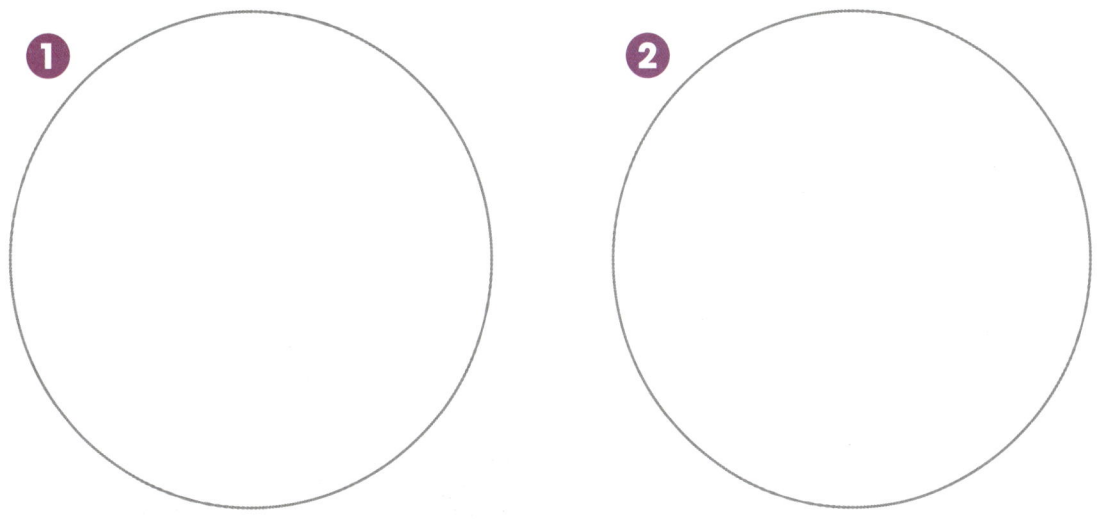

_____

_____

3 Troque ideias com os colegas, analise as imagens da página 177 e cole-as em concordância com as informações da legenda.

1

2

Entre os momentos **1** e **2** é possível observar aumento na quantidade de nuvens sobre a superfície do globo retratada.

4 Observe a cena abaixo. Quem está usando a água de maneira responsável? Por quê?

UNIDADE 2

Os seres vivos

Quando pensamos em seres vivos, sempre nos lembramos dos animais e das plantas, mas existem muitas outras formas de vida.

Embora os seres vivos sejam diferentes, existem algumas características comuns a todos eles.

- Em uma floresta como esta, os seres vivos dependem uns dos outros e dos componentes do ambiente. Dê exemplos dessa dependência.

- Há uma pessoa investigando, com o auxílio de lupa, os seres vivos desse ambiente. Vá até as páginas 179 a 181 e recorte as imagens. Analise cada uma e identifique em qual local do ambiente ao lado elas poderiam ter sido visualizadas.

- A sobrevivência de muitos animais, como o bicho-preguiça ao lado, é ameaçada pela destruição das florestas ou pela captura ilegal. Em sua opinião, o que poderia ser feito para evitar essa situação?

Saber Ser

51

CAPÍTULO 1 — Diversidade da vida

Leia o texto a seguir.

> Conheça o dinossauro que viveu nessa região há cerca de 110 milhões de anos.
>
> [...] Naquela época, a floresta Amazônica era habitada por répteis gigantescos, um cenário bem diferente do que se vê hoje.
>
> Mas como é possível descrever algo que existiu há tanto tempo? É que alguns cientistas encontraram ossos de várias partes do corpo desse dinossauro enterrados e conseguiram montar seu esqueleto, como se fosse um quebra-cabeça com peças faltando.
>
> Então, descobriram que esse animal era diferente de todos os outros dinossauros que conheciam. Por isso, concluíram que era uma nova espécie, batizada de *Amazonsaurus maranhensis*. [...]
>
> A nova espécie faz parte de um grande grupo de dinossauros vegetarianos. [...]. O *Amazonsaurus* tinha cerca de 10 metros de comprimento (contando o pescoço e a cauda) e pesava em torno de 10 toneladas, ou seja, era um pouco maior que um elefante africano.

Representação do dinossauro.

Thais Fernandes. Um gigante na Amazônia. Revista *Ciência Hoje das Crianças*. Disponível em: <http://linkte.me/n96rv>. Acesso em: 14 jun. 2016.

1 Os ossos do dinossauro foram preservados por cerca de 110 milhões de anos. O que aconteceu com as outras partes do corpo do animal?

2 O nome do dinossauro revela o local em que os ossos foram encontrados. Leia o nome dele em voz alta e tente descobrir que local é esse.

3 Os cientistas descobriram uma nova espécie de dinossauro, um animal que viveu no passado. E no presente, será que há espécies ainda desconhecidas?

Biodiversidade

A diversidade de seres vivos existentes no planeta é enorme. Eles vivem em diferentes lugares da Terra e relacionam-se entre si e com o ambiente.

■ As características dos seres vivos

Apesar da enorme variedade, os seres vivos possuem características em comum.

O corpo de todos os seres vivos é formado por **células**. São estruturas responsáveis pela manutenção da vida. A maioria das células é invisível a olho nu.

Outra característica comum aos seres vivos é que todos passam por fases: nascem, crescem, podem se reproduzir, envelhecem e morrem. Essas fases formam o **ciclo de vida**.

O corpo humano é formado por trilhões de células. A foto mostra células humanas vistas através de microscópio e aumentadas cerca de 500 vezes (coloridas artificialmente).

Os seres vivos são classificados em alguns grupos, conforme suas características. A seguir, você vai rever algumas características de plantas e animais e conhecer outros grupos de seres vivos.

Imagens sem proporção de tamanho entre si.

As plantas

Uma característica das plantas é a capacidade de produzir o próprio alimento por meio da fotossíntese. Elas podem viver em diferentes lugares, fixas ao solo, sobre outras plantas ou flutuando na água.

A hera, planta trepadeira, desenvolve-se sobre muros e outros suportes.

Os animais

Os animais se alimentam de outros seres vivos, pois não são capazes de produzir seu próprio alimento. Eles podem ser encontrados em ambientes aquáticos e terrestres.

A baleia jubarte é um animal aquático. Nesta foto é possível identificar uma fêmea e seu filhote.

Algas

As algas vivem no oceano, em ambientes de água doce e em locais úmidos. Assim como as plantas, as algas produzem o próprio alimento por meio da fotossíntese.

Existem muitos tipos de algas. Algumas só podem ser vistas com microscópio, outras medem dezenas de metros.

Imagens sem proporção de tamanho entre si.

A ulva é uma alga marinha encontrada no litoral de vários estados brasileiros.

Fungos

Cogumelos, bolores e orelhas-de-pau são exemplos de fungos. O fermento usado para fazer pão contém fungos invisíveis a olho nu. Esses fungos, também chamados de leveduras, ao alimentarem-se de ingredientes da massa, liberam gases, fazendo o pão crescer.

Os fungos não realizam fotossíntese. Eles se alimentam de animais e plantas e participam do apodrecimento dos alimentos. Ao consumir restos de organismos mortos, os fungos colaboram para a decomposição de parte da matéria existente no planeta.

Alguns fungos são comestíveis e podem fazer parte da alimentação das pessoas. Outros são venenosos e, quando consumidos, podem causar intoxicação e até levar à morte. Por isso, nunca coma, por exemplo, cogumelos encontrados no ambiente.

Fungo do tipo bolor em grãos de arroz.

Exemplo de um cogumelo comestível, o *champignon*.

+ SAIBA MAIS

Vírus

Os vírus são invisíveis a olho nu. Eles precisam ficar dentro de seres vivos para conseguir se multiplicar. Dengue, sarampo e gripe são exemplos de doenças causadas por vírus.

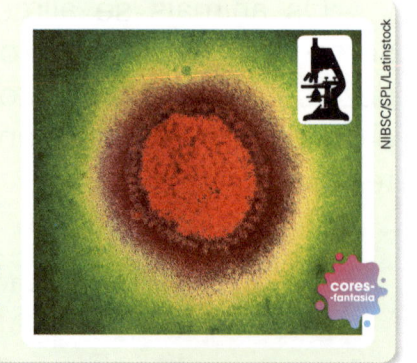

Vírus causador da gripe. Esta foto foi tirada com o auxílio de um microscópio e aumentada cerca de 150 mil vezes. A imagem foi colorida artificialmente.

Bactérias

As bactérias são seres muito pequenos para serem vistos a olho nu. Elas vivem nos mais variados ambientes e estão por toda parte: no ar, na água, no solo e dentro dos seres vivos. Algumas bactérias causam doenças, como a cárie e o tétano. Mas a maior parte delas é inofensiva. Certas bactérias vivem dentro do corpo humano e ajudam na digestão.

Esses seres vivos são muito importantes para o ambiente. Assim como os fungos, as bactérias também participam da decomposição da matéria.

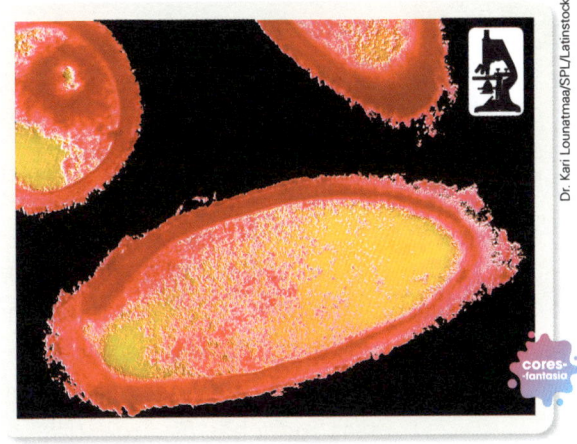

Essas bactérias vivem no intestino humano sem causar doenças. A foto foi tirada com o auxílio de um microscópio e aumentada cerca de 30 mil vezes. A imagem foi colorida artificialmente.

1 Observe as figuras abaixo.

Alga marinha.    Peixe.    Samambaia. 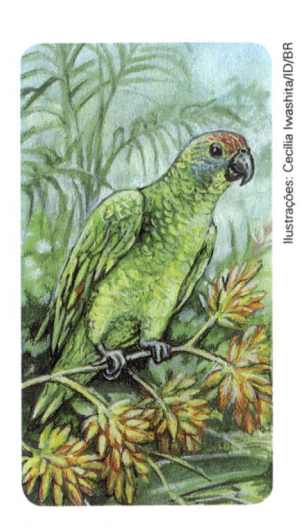   Papagaio.

■ Complete a tabela a seguir. Na coluna em que se lê "alga marinha", escreva o nome dos outros seres vivos representados nas figuras.

Ser vivo	Onde vive	Como obtém alimento
alga marinha		através da fotossíntese
		procura alimento no ambiente

2 Leia o texto a seguir.

> Bate a fome e você invade a cozinha à procura de algo para comer. Depois de inspecionar a geladeira de cima a baixo sem encontrar nada que desperte a atenção do seu estômago, você se lembra daquele delicioso pãozinho bem guardado no forno. Abre o pacote com a boca cheia d'água e – argh! – o que é essa coisa verde?!
>
> Essas manchas esverdeadas são o que chamamos de bolor ou mofo: seres vivos microscópicos, que fazem parte do grupo dos fungos. [...]

Pão com bolor.

João Carlos Micheletti Neto. Revista *Ciência Hoje das Crianças*, Rio de Janeiro, SBPC, ano 21, n. 195, p. 12, out. 2008.

a. Quais medidas podem ser adotadas para impedir o apodrecimento dos alimentos?

_____

_____

b. O apodrecimento de alimentos, como pães e frutas, pode ser provocado por fungos e bactérias. Você já viu isso acontecer? O que você observou?

_____

_____

3 Para completar a frase abaixo, é possível usar qualquer palavra dos quadros. Junte-se a três colegas e formulem as quatro frases possíveis. Elas são verdadeiras ou falsas? Justifiquem.

| úteis | inofensivas | prejudiciais | indispensáveis |

■ As bactérias podem ser ★ aos seres humanos.

_____

_____

_____

_____

O estudo dos seres vivos

Pelo que sabemos, a Terra é o único planeta onde existe vida. Mas ninguém sabe exatamente quantas **espécies** de seres vivos há nele.

Às vezes, os pesquisadores descobrem um ser vivo diferente de todos os outros já conhecidos. Ele pode pertencer a uma espécie até então desconhecida.

Cerca de 1 milhão e 400 mil espécies já são conhecidas pelos cientistas, e é muito provável que existam muitas outras ainda a serem descobertas.

A *Spigelia genuflexa* é uma planta exclusiva de solos arenosos, descoberta em 2011 no nordeste da Bahia. Uma curiosidade é que ela dobra seus ramos e enterra as próprias sementes, facilitando a germinação.

➕ SAIBA MAIS

Assim se faz uma descoberta

Você teria paciência para contar todas as escamas de um peixe? Que questão, né?! Mas saiba que, diante de um bicho que pode ser de uma nova espécie, o cientista precisa estudá-lo a fundo: compará-lo com espécies próximas, para confirmar se o animal não pertence a elas, e obter informações para descrevê-lo!

Os dados necessários para descrever uma nova espécie variam de grupo para grupo de seres vivos. No caso de peixes, por exemplo, podem incluir até o número de escamas! [...]

Espécie de macaco sauá (também conhecido como guigó ou zogue-zogue) descoberta na Amazônia colombiana em 2008.

Mara Figueira. Revista *Ciência Hoje das Crianças*, Rio de Janeiro, 12 maio 2004. Disponível em: <http://linkte.me/q2cwh>. Acesso em: 28 mar. 2016.

Um nome para cada espécie

Todas as espécies de seres vivos conhecidas recebem um nome científico. Esse nome é dado quando uma espécie nova é descoberta.

Cada espécie tem apenas um nome científico. Ele é escrito em latim, uma língua antiga que originou, entre outras, a língua portuguesa. O nome científico pode ser criado levando-se em consideração uma característica da espécie, do nome da pessoa que fez a descoberta ou do local em que a espécie foi encontrada, como no caso do dinossauro mencionado na página 52.

Como todo ser vivo, a espécie humana também tem um nome científico: *Homo sapiens*.

Nomes como joaninha, laranjeira e canário, que costumamos usar no dia a dia, são nomes populares. Em geral, eles são curtos e fáceis de pronunciar. Porém, é comum uma mesma espécie receber diferentes nomes populares, o que cria confusão no momento da identificação.

Já o nome científico de uma espécie é o mesmo em qualquer lugar do mundo. Assim, cientistas que falam línguas diferentes podem se comunicar mais facilmente.

Distribuição geográfica da *Puma concolor*: 2015

A *Puma concolor* possui muitos nomes populares, de acordo com a região onde vive. Na América do Norte (**A**) pode ser chamada de leão-da-montanha e puma. Na América do Sul (**B**) é conhecida como suçuarana e onça-parda.

Fonte de pesquisa do mapa: IUCN. Disponível em: <http://linkte.me/ref91>. Acesso em: 23 jun. 2016.

1 Leia o poema sobre o caburé-de-pernambuco, uma pequena espécie de coruja que habita uma região da Mata Atlântica pernambucana.

A natureza sempre
Tem uma surpresa.

Desta vez, foi o caburé.
Pequeno e arredio.
Há pouco descoberto.
E já está por um fio.
[...]

Caburé-de-pernambuco, uma espécie de coruja descoberta em 2003.

Lalau e Laurabeatriz. *Bem brasileirinhos*. São Paulo: Cosac Naify, 2012.

a. O que são as surpresas da natureza mencionadas no poema?

_____

_____

b. Sublinhe o verso que menciona a ameaça de extinção dessa espécie.

2 Leia os versos a seguir.

Quisera eu ser um leão zangado,
Só para por ti ser domado,
Humilde e contente
Qual gato obediente!
Quisera eu ser um leão zangado!

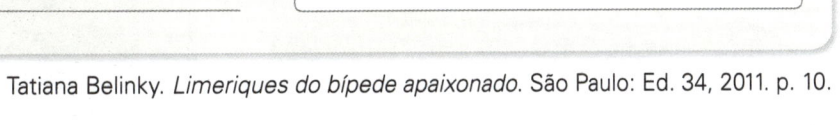

_____

Tatiana Belinky. *Limeriques do bípede apaixonado*. São Paulo: Ed. 34, 2011. p. 10.

a. Pesquise em livros e na internet sobre o leão. Descubra seu nome científico, como é seu hábitat e se ele é encontrado em ambientes brasileiros.

b. Desenhe, no quadro acima, o leão em seu hábitat e escreva, no espaço reservado para a legenda, o nome científico dele.

Seres do passado

Assim como novas espécies de seres vivos são descobertas, há espécies que entram em extinção e deixam de existir. O achado de ossos de dinossauros em várias partes do mundo mostra que, no passado, existiram seres diferentes dos que vivem hoje. Ao estudar as pistas deixadas por esses seres, os cientistas podem descobrir o tamanho desses animais, onde e em que época viveram, como se alimentavam e se viviam sozinhos ou em grupo.

■ A importância dos fósseis

Fósseis são restos ou **vestígios** de seres que viveram no passado. Ossos e outras partes do corpo, marcas de pegadas e rastros encontrados nas rochas são exemplos de fósseis.

Vestígio: nesse caso, marca que fornece informações sobre seres que viveram no passado.

Além de fósseis de dinossauros, os pesquisadores já encontraram fósseis de muitos outros seres, como plantas e peixes.

Imagens sem proporção de tamanho entre si.

Fóssil de pegada de um dinossauro que viveu há 140 milhões de anos. Esse fóssil foi encontrado na região de Araraquara, SP.

Fóssil de folha de uma planta que viveu há 44 milhões de anos. Esse fóssil foi encontrado nos Estados Unidos.

Fósseis de peixes que viveram na Chapada do Araripe há 110 milhões de anos. A Chapada do Araripe abrange parte dos estados do Ceará, de Pernambuco e do Piauí.

Réplica de esqueleto de dinossauro reconstruído a partir de ossos desenterrados. Museu Nacional, município do Rio de Janeiro, RJ, 2012.

Em geral, o corpo dos seres vivos é inteiramente decomposto após sua morte. Mas, em algumas situações, a decomposição não é completa e partes do corpo são preservadas.

A maioria dos fósseis encontrados é composta de partes duras, como ossos, dentes e conchas. As partes moles, como pele e músculo, são rapidamente decompostas e dificilmente são fossilizadas.

Imagens sem proporção de tamanho entre si.

Representação do processo de fossilização de um peixe. Milhares de anos se passam entre o começo e o fim do processo. Camadas de areia ou lama cobrem o corpo do animal morto. Ao longo de milhares de anos, essas camadas se transformam em rochas.

Pegadas e rastros são fossilizados de maneira semelhante à mostrada acima, ou seja, são cobertos por camadas de areia ou lama que se transformam em rochas.

1 Converse com os colegas: A maioria dos fósseis, como o da foto abaixo, é encontrada dentro de rochas. Como os restos de um animal podem ter ido parar dentro de uma rocha? Escreva a conclusão do grupo nas linhas abaixo.

Fóssil de um réptil marinho que viveu há cerca de 100 milhões de anos.

_____
_____
_____

61

Agora já sei!

1 Observe a conversa entre as meninas.

Imagens sem proporção de tamanho entre si.

JULIANA, ADIVINHA O QUE EU VI NO ZOOLÓGICO? UMA JIBOIA DE DOIS METROS!

PUXA, MÁRCIA, MINHA MÃE TEM UMA EM UM VASO LÁ EM CASA, MAS NÃO É TÃO GRANDE.

a. Analise as fotos e responda: A qual desses seres vivos Márcia se refere? E Juliana?

Jiboia.　　　　　　　　　Jiboia.

_____
_____
_____

b. Agora, reflita: Por que é importante haver apenas um nome científico para cada ser vivo?

_____
_____
_____
_____

2 O fermento biológico é usado na fabricação de pães. Ele contém fungos invisíveis a olho nu.

a. Após observar a embalagem, escreva o nome científico do fungo responsável pelo crescimento da massa. _____

b. Que fungos você conhece? Onde eles são encontrados?

_____
_____
_____

c. Converse com um adulto ou consulte um livro de culinária para obter uma receita que inclua fermento biológico. Copie a receita no caderno e traga-a para a sala de aula. Com a ajuda do professor, descubra se as receitas são de alimentos parecidos e se têm ingredientes em comum.

3 Leia o texto a seguir.

> "Uma faixa grisalha na testa, cauda avermelhada, costeletas e garganta de cor ocre são algumas das características do novo primata descoberto na região da Amazônia brasileira.
>
> [...] Popularmente chamado de Zogue-zogue, o animal foi apelidado de Rabo de Fogo."

Ocre: cor de terra.

Nova espécie de primata é descoberta na Amazônia brasileira.
Portal Brasil. Disponível em: <http://linkte.me/odv7d>. Acesso em: 14 jun. 2016.

a. Como é denominado o novo macaco descoberto? Trata-se de um nome científico ou popular?

_____

b. Considerando as características apresentadas no texto, faça um desenho do macaco descoberto há pouco tempo na Amazônia.

CAPÍTULO 2 — Animais

As figuras a seguir estão embaralhadas e mostram diferentes fases da vida de três animais: uma tartaruga marinha, um bem-te-vi e um porco.

Antes do nascimento

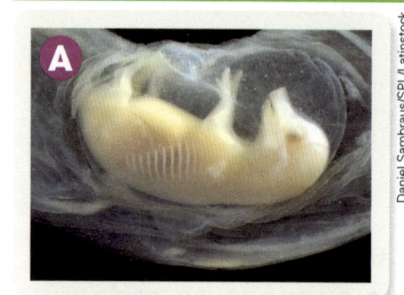

A — (feto de porco) — Daniel Sambraus/SPL/Latinstock
B — (ovos em ninho na areia) — Reinhard Dirscherl/Visuals Unlim/SPL/Latinstock
C — (ovos em ninho) — Fabio Colombini/Acervo do fotógrafo

Logo após o nascimento

D — (bem-te-vi alimentando filhotes) — Fabio Colombini/Acervo do fotógrafo
E — (porca amamentando leitões) — anactor/iStock/Getty Images
F — (filhote de tartaruga saindo do ovo) — Roger Le Guen/Biosphoto/AFP

Animais adultos

G — (tartaruga marinha adulta) — picsbyaimee/iStock/Getty Images
H — (bem-te-vi adulto) — Erni/Shutterstock.com/ID/BR
I — (porco adulto) — tillsonburg/iStock/Getty Images

1 Escreva a letra das ilustrações que representam a sequência correta das fases da vida de cada animal.

Tartaruga marinha: _____   Bem-te-vi: _____

Porco: _____

2 Os filhotes da tartaruga marinha e do bem-te-vi nascem de ovos. E o filhote de porco, onde ele se desenvolve antes de nascer? Troque ideias com a turma.

Animais vertebrados e animais invertebrados

Os animais que apresentam esqueleto com crânio e coluna vertebral são chamados de **animais vertebrados**. Os animais que não apresentam essas estruturas são chamados de **animais invertebrados**.

Imagens sem proporção de tamanho entre si.

■ Animais vertebrados

A coluna vertebral é formada por um conjunto de ossos chamados **vértebras**.

Além das vértebras e do crânio, o esqueleto dos vertebrados apresenta outros ossos, como as costelas. Em muitos animais também há ossos nos membros, como patas, asas ou nadadeiras.

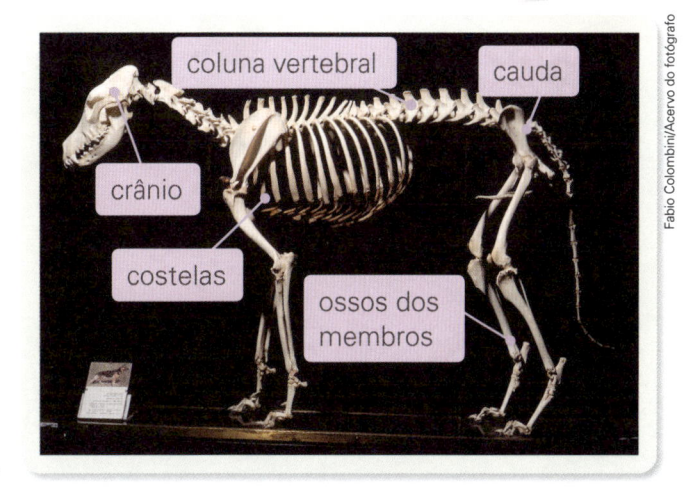

Esqueleto de um cão.

As fotos a seguir mostram alguns animais vertebrados.

Os vertebrados são divididos em cinco grupos: peixes (como o peixe-anjo-azul), anfíbios (como a perereca), répteis (como a serpente), aves (como o beija-flor) e mamíferos (como a anta).

65

Animais invertebrados

A maioria dos animais conhecidos é de invertebrados, ou seja, não apresentam coluna vertebral nem crânio. Em geral, esses animais são pequenos, mas alguns deles, como polvos e lulas, podem ser muito grandes. Formiga, escorpião, joaninha, estrela-do-mar, minhoca e caracol são alguns exemplos de animais invertebrados.

Imagens sem proporção de tamanho entre si.

formiga

joaninha

polvo

escorpião

estrela-do-mar

minhoca

caracol

CONTEÚDO NA VERSÃO DIGITAL

Insetos: um grupo numeroso

Os insetos formam o maior grupo de invertebrados. Eles são encontrados em vários ambientes, como matas, lagos, solo e até mesmo dentro de casa.

Quando adultos, os insetos têm seis pernas e um par de antenas. Alguns apresentam asas, como os besouros, as moscas, as abelhas e as borboletas. Outros não têm asas, como as pulgas e as traças.

antenas

pernas

asa

2 cm

1 cm

Representação de um marimbondo (à esquerda) e de uma traça-dos-livros (à direita).

asa rígida e colorida

asa usada para voar

1 cm

As joaninhas têm dois pares de asas. O par usado para voar fica dobrado embaixo do outro par, rígido e colorido.

Imagens sem proporção de tamanho entre si.

1 Observe as figuras abaixo.

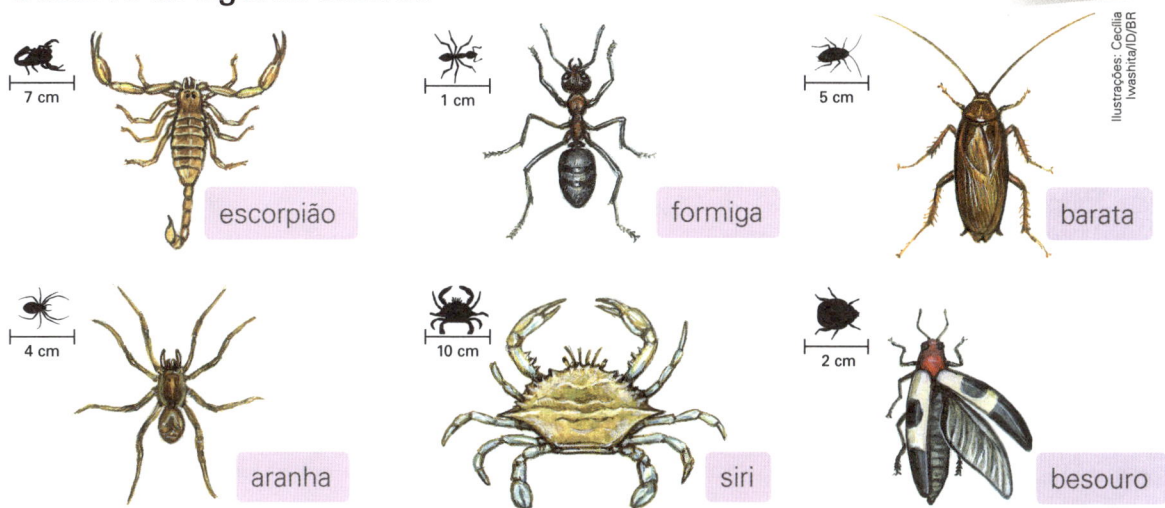

escorpião — 7 cm
formiga — 1 cm
barata — 5 cm
aranha — 4 cm
siri — 10 cm
besouro — 2 cm

a. Quais dos animais representados acima são insetos? Como você sabe?

_____
_____

b. Os insetos são os únicos invertebrados que podem voar. Todos os insetos voam?

_____
_____

2 Nos espaços abaixo, desenhe os contornos dos corpos de uma cobra e de uma minhoca.

a Você percebe grandes diferenças na forma do corpo desses dois animais?

_____

b. Considerando os temas apresentados neste capítulo, que informação do interior do corpo você utilizaria para distinguir os grupos animais onde são incluídas a cobra e a minhoca?

_____
_____
_____

A vida dos animais

Para sobreviver e se reproduzir, os animais precisam, entre outros fatores, de ar, alimento e água.

▬ Respiração

Os animais que vivem em ambientes terrestres retiram o gás oxigênio do ar. Em geral esses animais possuem pulmões ou respiram através da **pele**.

A maioria dos peixes e outros animais aquáticos retiram o gás oxigênio dissolvido na água por meio de órgãos chamados brânquias. Nos peixes, a água entra pela boca e passa pelas brânquias, localizadas na região da cabeça, antes de sair do corpo.

A minhoca respira através da pele, que está sempre úmida. Quando está enterrada, ela utiliza o gás oxigênio do ar que existe no solo.

A garoupa é um peixe que vive no mar. As setas indicam a entrada e a saída de água do corpo do peixe, após passar pelas brânquias.

Há alguns animais aquáticos que possuem pulmões, como as tartarugas, os golfinhos e as baleias. Eles precisam ir até a superfície da água para respirar o oxigênio do ar.

▬ Alimentação

Os animais conseguem alimentos de diferentes maneiras.

Os **herbívoros** consomem várias partes de plantas. Muitos animais, como as lagartas, os gafanhotos, os bois e os veados, se alimentam de folhas. Borboletas, mariposas e beija-flores, por exemplo, se alimentam de néctar.

Os **carnívoros** são animais que se alimentam de outros animais. Alguns carnívoros, como as onças, perseguem e caçam suas presas. Outros, como as cobras, ficam esperando sua presa para capturá-la de surpresa.

Os **onívoros**, como os porcos e as galinhas, consomem plantas e também animais.

1 Leia o texto a seguir.

O peixe-boi-marinho faz parte de um grupo de mamíferos aquáticos. O peixe-boi-marinho se alimenta de plantas, como o capim-agulha, e de algas.
Na ponta do focinho do peixe-boi encontram-se as narinas, por onde entra o ar cada vez que o animal sobe à superfície da água para respirar.

O peixe-boi recebeu esse nome porque vive na água, como um peixe, e se alimenta de capim, como o boi.

Texto para fins didáticos.

a. O peixe-boi é um animal herbívoro, carnívoro ou onívoro? Qual informação do texto ajudou você a responder essa questão?

_____

_____

b. Se o peixe-boi precisa subir à superfície da água para respirar, qual órgão respiratório ele possui? _____

c Os animais que respiram embaixo da água também possuem pulmões? Justifique.

2 Leia a adivinha a seguir e converse com os colegas.

Quem veste um pijama listrado,
sem bolso e sem botão,
e solta um relincho assustado
se está perto de um leão?

Adriano Messias. *Que bicho está no verso?* Curitiba: Positivo, 2009. p. 33. (Coleção de Fio a Pavio).

a. A que animal a adivinha se refere? _____

b. Classifique esse animal de acordo com o tipo de alimentação.

A reprodução dos animais

Você estudou que os seres vivos são formados por células.

Algumas células que compõem os seres vivos estão relacionadas à **reprodução** e são chamadas de células reprodutivas.

Imagens sem proporção de tamanho entre si.

■ Um tipo especial de célula

As células reprodutivas produzidas pelos machos são chamadas **espermatozoides**. As células reprodutivas produzidas pelas fêmeas são chamadas **óvulos**.

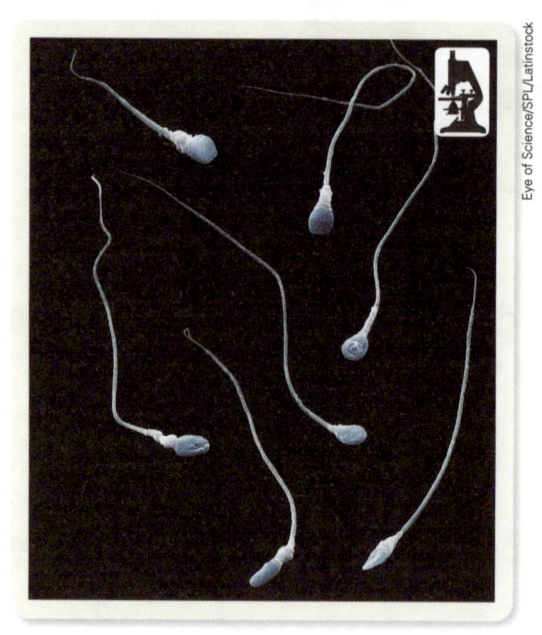

Espermatozoides humanos vistos ao microscópio. Essa foto foi aumentada cerca de 1 670 vezes.

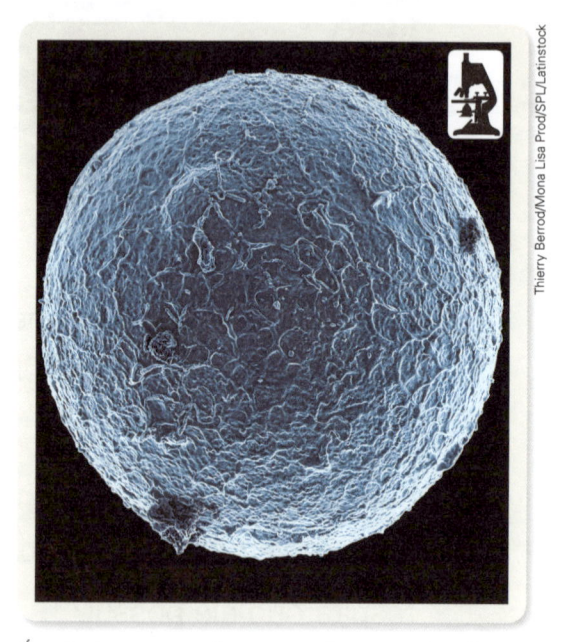

Óvulo humano visto ao microscópio. Essa foto foi aumentada cerca de 445 vezes.

Quando um espermatozoide alcança um óvulo, eles podem se unir, formando uma só célula. Essa união é chamada de **fecundação**.

A célula formada na fecundação se multiplica e dá origem a muitas outras células. É assim que o **embrião** é formado e um novo ser vivo será desenvolvido.

Embrião: ser vivo no início de seu desenvolvimento.

Embrião humano três dias após a fecundação. Esta foto foi obtida com auxílio de microscópio e aumentada cerca de 435 vezes. As estruturas mostradas nas fotos desta página foram coloridas artificialmente.

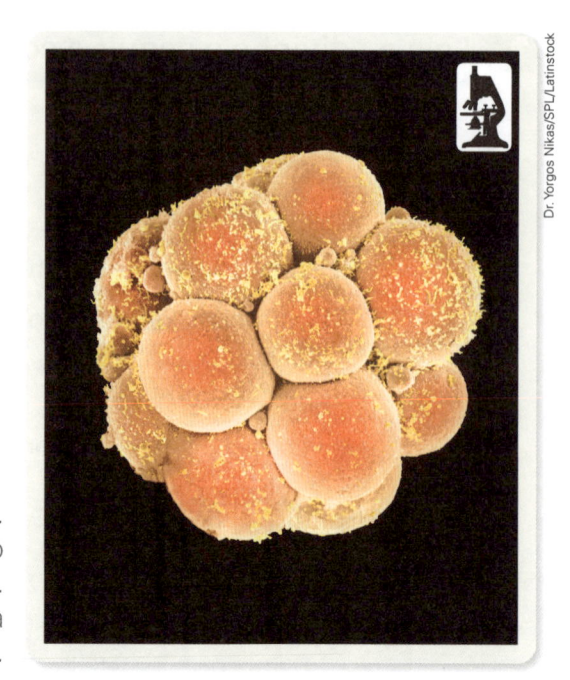

■ E a vida continua

Por meio da reprodução, os seres vivos geram descendentes. Deixar descendentes é importante para a continuidade das espécies.

Reprodução com fecundação

Na reprodução com fecundação acontece o encontro do espermatozoide e do óvulo.

Um macho e uma fêmea da mesma espécie participam desse tipo de reprodução. Um espermatozoide produzido pelo macho se une com um óvulo produzido pela fêmea.

Imagens sem proporção de tamanho entre si.

Essa união (fecundação) pode ocorrer no ambiente ou dentro do corpo da fêmea.

Na **fecundação externa**, o óvulo e o espermatozoide se encontram no ambiente externo, ou seja, fora do corpo da fêmea.

Esse tipo de fecundação geralmente acontece na água, onde fêmeas liberam óvulos e machos liberam espermatozoides. Muitos animais que vivem no ambiente aquático se reproduzem dessa maneira.

A fêmea da espécie de peixe representada nessa figura libera óvulos na água. Em seguida, o macho libera espermatozoides.

A **fecundação interna** ocorre quando um espermatozoide encontra um óvulo dentro do corpo da fêmea.

Esse é o tipo de fecundação que acontece, por exemplo, em répteis, aves e mamíferos.

Na fecundação interna, o macho libera os espermatozoides dentro do corpo da fêmea. É o que acontece durante o acasalamento dos besouros macho e fêmea desta foto.

Os filhotes de animais podem se desenvolver de diferentes modos.

Imagens sem proporção de tamanho entre si.

Muitos animais, como as aves, as tartarugas, os jacarés e diversos insetos, são **ovíparos**, isto é, põem ovos. Dentro de cada ovo existe um embrião, ou seja, um filhote em desenvolvimento.

A maioria das aves protege os ovos e cuida dos filhotes depois que eles nascem. Outros animais, como as tartarugas marinhas, depositam seus ovos em buracos na areia e abandonam o local. Nesse caso, os filhotes sobrevivem sozinhos depois do nascimento.

Após o acasalamento, o besouro fêmea coloca dezenas de ovos.

Os mamíferos, algumas espécies de peixes e alguns insetos, por exemplo, são animais **vivíparos**, ou seja, não põem ovos. O embrião desses animais se desenvolve dentro do corpo da fêmea. Muitos animais vivíparos protegem e alimentam suas crias. As fêmeas dos mamíferos, por exemplo, produzem leite e amamentam seus filhotes.

Existem ainda os animais **ovovivíparos**. O embrião desses animais se desenvolve em um ovo, que permanece dentro do corpo da fêmea até o nascimento. É o caso de algumas espécies de serpente, por exemplo.

Reprodução sem fecundação

Há casos em que os animais se reproduzem sem haver o encontro das células reprodutivas: um animal adulto dá origem a filhotes sem a participação de outro animal da mesma espécie.

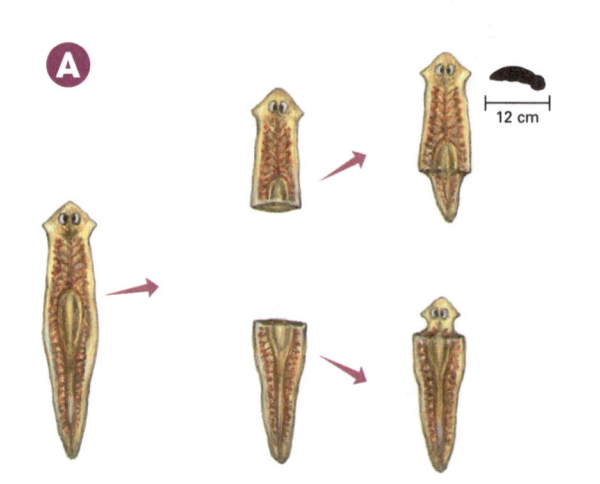

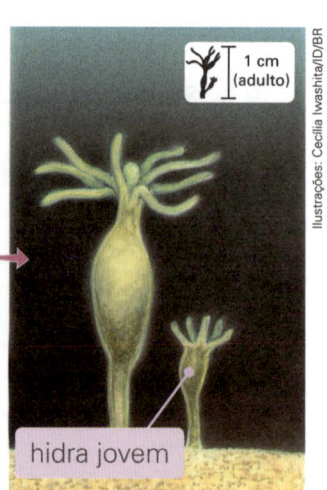

Planárias e hidras são exemplos de animais que podem se reproduzir sem fecundação. Uma planária cortada ao meio (**A**) dará origem a duas novas planárias. A hidra, que vive em ambiente aquático, pode formar brotos (**B**) que se desenvolvem e dão origem a novos animais.

1 As figuras abaixo mostram a reprodução de duas espécies de peixes.

A macho / fêmea

B fêmea / macho

■ Qual é o tipo de fecundação mostrado em cada figura?

_____
_____

2 Retome as figuras da página 64 e responda às questões.

Imagens sem proporção de tamanho entre si.

a. Os filhotes de quais animais recebem cuidados dos pais?

_____

b. Qual deles é vivíparo? Como você sabe?

_____
_____

3 Observe a foto de um pinguim-rei com sua cria.

90 cm (adulto)

a. Como o adulto protege seu filhote?

b. Explique como a proteção dos filhotes favorece a sobrevivência da espécie.

Agora já sei!

1 Leia o texto a seguir.

O gambá-de-orelha-preta é uma espécie florestal que mede entre 60 e 90 centímetros de comprimento, pesando em torno de 1,6 quilo. O que o distingue das outras espécies de gambás é sua orelha preta e sem pêlos [...].

[...] Sua alimentação é bastante variada, incluindo desde insetos, cobras, frutas até roedores e galinhas. É um animal solitário, não vive em grupos e sai para caçar a noite. São também bons dispersores de sementes através das fezes, ajudando a natureza a plantar o que o homem destrói.

Gambá-de-orelha-preta com seus filhotes, que ainda se alimentam do leite materno.

Bichos do Paraná – Mamíferos. Disponível em: <http://linkte.me/el5tk>. Acesso em: 7 jun. 2016.

a. O texto fala sobre o gambá-de-orelha-preta, um exemplo de mamífero. Que informação do quadro possibilita essa conclusão?

_____
_____
_____

b. Quais tipos de alimentos esse gambá utiliza? Ele pode ser considerado herbívoro? Por quê?

_____
_____
_____

c. Os gambás fazem parte do grupo dos vertebrados ou invertebrados? Cite outros quatro exemplos de animais desse mesmo grupo.

_____
_____
_____

2 Nos espaços em branco, escreva o número das figuras na sequência correta, de acordo com as etapas de reprodução das tartarugas marinhas. Em seguida, escreva uma legenda para cada figura.

Imagens sem proporção de tamanho entre si.

_____ _____
_____ _____

_____ _____
_____ _____

3 Analise as informações sobre a baleia jubarte.

> As baleias, como os golfinhos, são mamíferos que vivem no mar. Por isso, são adaptados a esse ambiente: têm nadadeiras que facilitam a movimentação e possuem brânquias para respirar o gás oxigênio dissolvido na água.

Texto para fins didáticos.

■ Há informações incorretas no texto. Sublinhe-as e escreva abaixo as correções.

_____
_____
_____

75

CAPÍTULO 3 | Plantas

Os botânicos, cientistas que estudam plantas como as das fotos, procuram maneiras de agrupá-las de acordo com características semelhantes.

Cacto. (10 cm)

Ninfeia. (20 cm)

Bananeira. (3 m)

Avenca. (25 cm)

Hortênsia. (20 cm)

Açaí. (15 m)

Feijoeiro. (10 cm)

Samambaia. (30 cm)

Araucária. (35 m)

1 Em sua opinião, quais das plantas mostradas produzem frutos?

_____

_____

2 Agrupe as plantas das fotos usando como critério o tamanho, o ambiente em que vivem ou outra característica.

3 Mostre a um colega o agrupamento que você fez e observe o agrupamento que ele fez. Existem diferenças entre eles?

Os grupos de plantas

Você já sabe que as plantas são seres vivos que produzem o próprio alimento por meio da fotossíntese.

Em todo o mundo existem milhares de diferentes espécies de plantas. Atualmente, são conhecidas cerca de 380 mil espécies. A maior parte delas pode produzir sementes em algum momento da vida, como a paineira, a araucária e o coqueiro. Outras espécies, porém, não produzem sementes. Os cientistas usam essa característica para classificar as plantas em grupos.

▪ Plantas sem sementes

Nesse grupo estão as plantas que não produzem sementes, flores e frutos, como as samambaias, as samambaiaçus, as avencas e os musgos.

Os musgos são plantas que, em geral, não ultrapassam 5 centímetros de altura. Eles são encontrados em locais úmidos e crescem sobre o solo, rochas ou troncos de árvores.

Em matas úmidas, é comum encontrar samambaias próximas ao solo.

As samambaias e as avencas vivem, geralmente, em locais frescos e sombreados. Muitas samambaias têm folhas grandes e delicadas e seu caule é rasteiro, ou seja, cresce próximo ao solo.

Musgos que crescem sobre rochas.

▪ Plantas com sementes

Coqueiros, grama, pinheiros e muitas outras plantas podem produzir sementes. Dentro de cada semente existe um pequeno embrião, que se desenvolve e origina uma nova planta.

Nesse grupo, algumas espécies podem ter frutos que envolvem e protegem as sementes.

Plantas com sementes "nuas"

Existem plantas que produzem sementes mas não desenvolvem frutos. Pinheiros, ciprestes, cicas e araucárias são exemplos desse tipo de planta.

As sementes da araucária são os pinhões. Unidos e presos uns aos outros, os pinhões formam uma estrutura chamada pinha. Não existe fruto ao redor dos pinhões.

As cicas são exemplos de plantas sem frutos.

A araucária, ou pinheiro-do-paraná, é encontrada nas regiões Sul e Sudeste do país. No detalhe, você observa uma pinha e seus pinhões.

Plantas com sementes envolvidas por frutos

Os frutos podem ser de tamanhos, cores e formatos variados. Há frutos com muitas sementes e frutos com apenas uma semente.

Alguns frutos são suculentos, como a laranja, o tomate, o abacate e o mamão. Outros são secos, como o do jacarandá-mimoso, o do ipê e o do feijoeiro.

Plantas que produzem sementes dentro de frutos também produzem flores.

Os frutos do jacarandá-mimoso são secos. Quando estão maduros, eles se abrem, liberando as sementes.

1 Observe a cena e identifique três plantas que você conhece. Depois, escreva o nome da única planta entre elas que não possui sementes.

_____
_____
_____

2 As ilustrações abaixo mostram frutos cortados ao meio.

abacate   laranja   mamão   tomate

Imagens sem proporção de tamanho entre si.

a. O que esses frutos têm em comum?

_____
_____

b. Você acha que todos os frutos são doces?

_____
_____

A reprodução das plantas

Como os demais seres vivos, as plantas nascem, se desenvolvem, podem se reproduzir e morrem.

O ciclo de vida de algumas plantas se completa em poucos meses, como é o caso do feijoeiro. Em geral, essas plantas produzem flores e frutos uma única vez e morrem em seguida.

Outras plantas vivem muitos anos e podem produzir flores e frutos diversas vezes, em certas épocas do ano.

A reprodução pode acontecer com ou sem a união de células reprodutivas femininas e masculinas, ou seja, com ou sem fecundação.

▬ Reprodução sem fecundação

Você já viu alguém plantar uma folha e dela nascer uma nova planta? Experimente plantar uma folha de violeta. Observe que depois de certo tempo surge uma raiz e uma nova planta começa a crescer.

Nesse tipo de reprodução, uma parte da planta, como folhas ou pedaços do caule, pode dar origem a outra planta.

A violeta-africana é um exemplo de planta que pode se reproduzir sem fecundação.

As folhas da violeta-africana podem brotar e dar origem a novas plantas.

▬ Reprodução com fecundação

Esse tipo de reprodução envolve a união de células reprodutivas masculinas e femininas.

Em plantas que produzem sementes, essa união acontece por meio da polinização. Nesse processo, os grãos de pólen presentes na parte masculina da flor são levados para a parte feminina de outras flores.

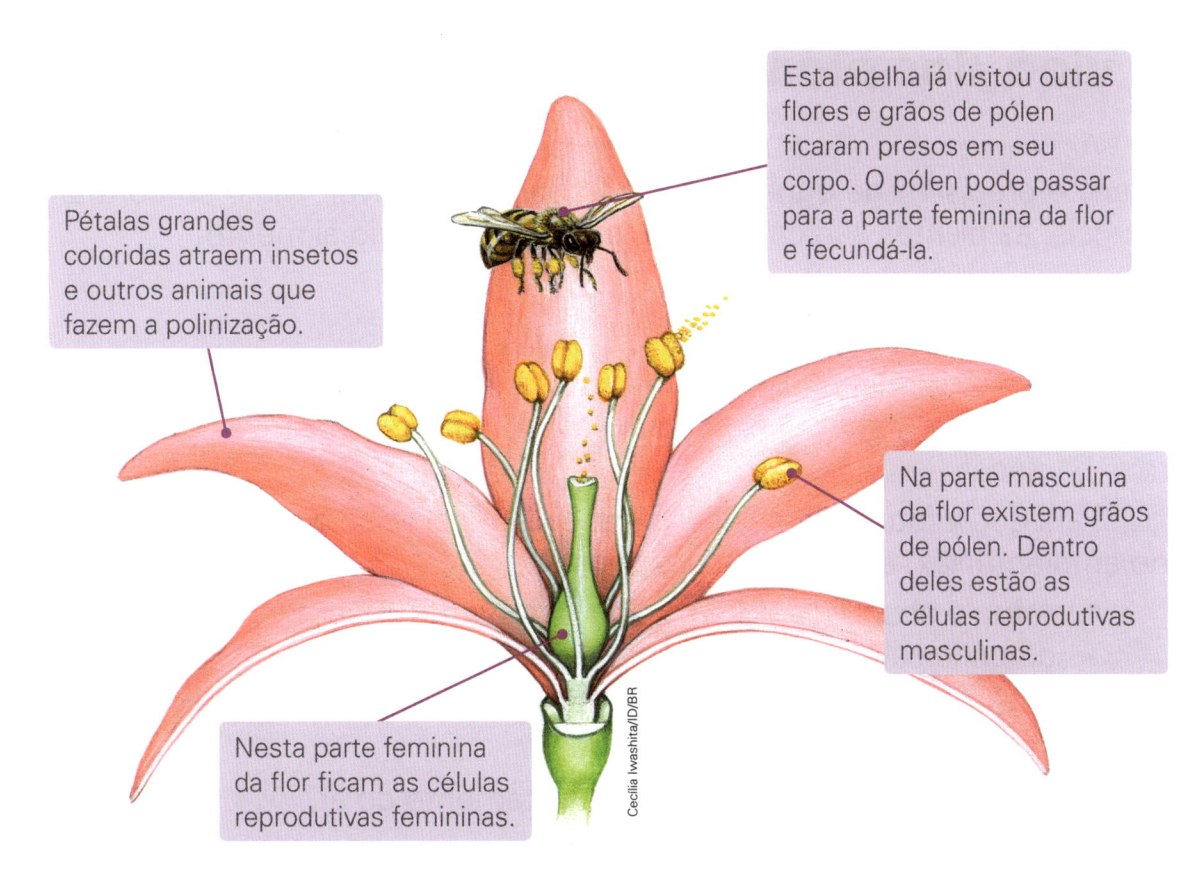

Pétalas grandes e coloridas atraem insetos e outros animais que fazem a polinização.

Esta abelha já visitou outras flores e grãos de pólen ficaram presos em seu corpo. O pólen pode passar para a parte feminina da flor e fecundá-la.

Na parte masculina da flor existem grãos de pólen. Dentro deles estão as células reprodutivas masculinas.

Nesta parte feminina da flor ficam as células reprodutivas femininas.

Dentro do grão de pólen estão as células reprodutivas masculinas. Elas poderão se unir às células reprodutivas femininas, que ficam na parte feminina da flor. A união dessas células é chamada **fecundação**.

A célula formada na fecundação se desenvolve até dar origem à semente. Nesse processo, algumas partes da flor, como as pétalas, murcham e caem, enquanto outras se desenvolvem e formam o fruto.

1 Alguns agricultores levam colmeias de abelhas para perto de plantações de árvores frutíferas.

a. Por que os agricultores fazem isso?

_____
_____
_____
_____

b. Em que época as colmeias devem ser colocadas próximas dessas plantações: no plantio, na floração ou na colheita dos frutos? Por quê?

_____
_____
_____

A vida das plantas

Assim como o ser humano e outros animais, as plantas respiram, transpiram e precisam de água e alimento para sobreviver. Mas, ao contrário dos animais, as plantas são capazes de produzir o próprio alimento.

Fotossíntese

Você já sabe que a fotossíntese é o processo pelo qual a planta produz o alimento de que necessita. Esse processo também ocorre com algas e algumas bactérias.

Para que a fotossíntese aconteça, a planta precisa de alguns componentes do ambiente: luz, água e gás carbônico.

- A **luz** é absorvida por um pigmento verde chamado clorofila, encontrado principalmente nas folhas.
- A **água** do ambiente é absorvida pelas raízes e distribuída pelo corpo da planta, até as folhas.
- O **gás carbônico** é absorvido diretamente do ar.

+ SAIBA MAIS

A clorofila é encontrada em maior quantidade nas folhas (principal local de realização da fotossíntese), mas pode ocorrer também em outras partes verdes da planta, como caules e frutos em desenvolvimento. Essas partes que contêm clorofila também são capazes de realizar fotossíntese.

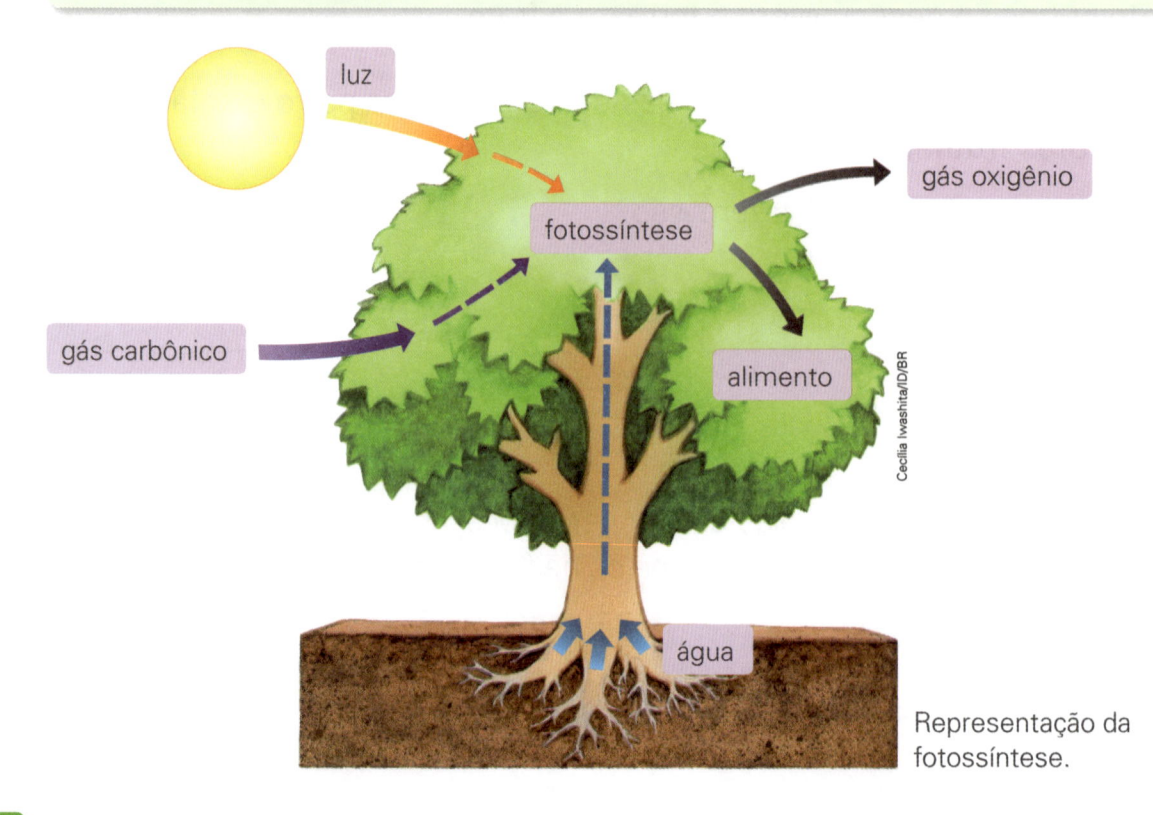

Representação da fotossíntese.

Além do alimento produzido pela fotossíntese, as plantas precisam de água e sais minerais para se desenvolver.

Parte do alimento que as plantas produzem pode ser armazenada nas raízes, nos caules e nos frutos, formando, assim, uma reserva nutritiva. Essa reserva é rica em energia e pode ser aproveitada pelas próprias plantas ou pelos animais que as consomem. Cenoura, beterraba e mandioca são exemplos de partes de plantas que têm reservas nutritivas.

Imagens sem proporção de tamanho entre si.

As raízes de muitas espécies de plantas, como batata-doce (**A**), rabanete (**B**) e mandioca (**C**), armazenam parte do alimento produzido na fotossíntese.

Conforme produz o próprio alimento, a planta libera gás oxigênio no ambiente. O gás oxigênio é usado na respiração das próprias plantas e de outros seres vivos, como os animais.

▪ Respiração das plantas

As plantas respiram o tempo todo. Durante a respiração, elas utilizam o gás oxigênio presente no ambiente. As plantas terrestres retiram o gás oxigênio do ar a seu redor e as plantas aquáticas usam o gás oxigênio dissolvido na água.

@ http://linkte.me/c62z5
No *site* do Instituto Socioambiental, você vai encontrar um jogo de memória sobre as plantas do Xingu e uma peteca feita com a palha do milho. Não deixe de entrar na Aldeia Virtual para conhecer paisagens brasileiras e participar de atividades com alguns dos povos indígenas que vivem no Brasil. Acesso em: 6 jun. 2016.

Transpiração das plantas

A água absorvida pelas raízes é transportada através do tronco e dos caules e chega até as folhas. Ao longo desse caminho, parte da água é utilizada para a sobrevivência da planta.

Outra parte da água absorvida é perdida na transpiração. Ao transpirar, as plantas eliminam grande quantidade de vapor de água pelas folhas.

vapor de água

água

Representação da transpiração em uma árvore, que libera água em forma de vapor (invisível).

🔧 Na prática

As folhas transpiram

Para verificar como ocorre a transpiração de uma planta, realize o seguinte experimento.

Você vai precisar de: um vaso com uma planta, um saco plástico transparente e um pedaço de barbante.

Experimente

1. Cubra a planta com o saco plástico. Use o barbante para prender o saco ao redor da planta.
2. Deixe o vaso exposto ao sol. No final do dia, observe como ficou o saco plástico e retire-o da planta.

Responda

- O que aconteceu com o saco plástico? Como você explica esse resultado?

A transpiração das plantas e o ciclo da água

Você já observou que em locais onde há muitas plantas, como matas e parques, o ar é mais úmido e fresco? Ao transpirar, as plantas eliminam vapor de água. A umidade do ar é determinada pela quantidade de vapor de água que existe nele. Portanto, onde há mais plantas, a transpiração é maior e o ar fica mais úmido.

O vapor de água presente no ar pode se condensar e formar nuvens. Por isso, a transpiração das plantas é importante para o ciclo da água na natureza.

1 Dois vasos com plantas iguais receberam, diariamente, a mesma quantidade de água. Um deles foi mantido em local ensolarado e o outro foi guardado dentro de um armário fechado. Ao lado está a representação dos dois vasos alguns dias depois.

- Qual dos dois vasos ficou dentro do armário? Como você chegou a essa conclusão?

_____

_____

2 Estas fotos mostram dois ambientes. Em qual deles você acha que o ar é mais úmido e fresco? Por quê?

Parque do Ibirapuera, município de São Paulo.   Município de São Paulo.

_____

_____

_____

Agora já sei!

1 Observe as figuras abaixo e lembre-se do que já aprendeu. Complete a tabela com **tem** ou **não tem**, conforme o caso.

Imagens sem proporção de tamanho entre si.

Parte \ Nome	Araucária	Laranjeira
Raiz	tem	
Caule		
Folha		
Fruto		
Semente		

Ilustrações: Cecília Iwashita/ID/BR

- Quais partes dessas plantas são comestíveis?

_____

2 Leia o texto a seguir.

> As plantas da Caatinga têm adaptações específicas para a seca [...]. Os vegetais devem [...] resistir a vários meses, às vezes anos, de seca. Várias adaptações [...] se combinam para permitir esta resistência.
> [...] as folhas têm superfície reduzida [...], limitando [...] a quantidade de água que uma planta perde por evaporação e por respiração.
> As plantas [...] capazes de armazenar água, que é o caso das plantas chamadas suculentas, também são frequentes.
> [...] Mas o caráter mais aparente da Caatinga é a queda das folhas, quando começa a estação seca, outra maneira de reduzir a perda de água.

Fundação Museu do Homem Americano. Flora. Disponível em: <http://linkte.me/ehuri>. Acesso em: 24 jun. 2016.

- Por que a queda das folhas pode permitir que as plantas sobrevivam durante a época da seca?

_____

_____

3 O texto a seguir traz informações sobre o cultivo do bambu-celeste.

> É cultivado em vasos, [...] à meia sombra ou em pleno sol. Requer terra rica.
> Multiplica-se por divisão das plantas, por sementes ou estacas.
>
> O bambu-celeste pode medir até 2 metros de altura.

Harri Lorenzi e Hermes Moreira de Souza. *Plantas ornamentais no Brasil*. Nova Odessa: Instituto Plantarum, 2001. p. 209.

a. Sublinhe no texto um sinônimo para **reproduz-se**.

b. O texto cita dois tipos de reprodução. Quais são eles? Em qual deles acontece a fecundação?

_____

_____

4 Em dupla, retomem a atividade 1 da página 76. Releiam os agrupamentos feitos por vocês anteriormente.

a. Agora, agrupem novamente as plantas das fotos, separando as que possuem frutos das que não possuem frutos.

_____

_____

b. Escolham uma das plantas que possui fruto, pesquisem como são suas flores e frutos. Façam um desenho da planta que escolheram contendo essas estruturas.

Vamos fazer!

As plantas e a luz

Você já sabe que as plantas precisam de luz para viver. O que acontece com uma planta que recebe luz apenas de uma direção?

Do que vocês vão precisar

- dois feijoeiros com duas semanas de vida
- água
- caixa de sapato com tampa
- tesoura com pontas arredondadas

Como fazer

1. Corte e dobre um pedaço da lateral menor da caixa de sapato, como mostrado na figura abaixo.

2. Coloque um dos vasos dentro da caixa, tampe e mantenha a caixa em local iluminado.

3. Posicione o outro vaso perto da caixa. Regue os dois vasos sempre que for preciso.

4. Após duas semanas retire o vaso da caixa e compare as duas plantas.

Vamos fazer o registro

1 Após duas semanas, que diferenças existem entre as duas plantas?

_____

_____

2 Em sua opinião, o que provocou essas diferenças?

_____

_____

3 No caderno, desenhe as plantas, evidenciando as diferenças entre elas.

Folhas no escuro

As plantas precisam de luz para viver. O que acontece quando uma folha não recebe luz?

Do que vocês vão precisar

- 1 feijoeiro com 2 folhas (cerca de 10 dias de vida)
- 1 pedaço de papel-alumínio, com cerca de 15 cm de lado

Como fazer

1. Escolha uma das folhas para cobri-la com papel-alumínio. Faça o contorno das duas folhas no caderno, identificando-as. Anote a data.

2. Dobre o pedaço de papel-alumínio ao meio e envolva a folha escolhida com cuidado, evitando que ela se dobre.

3. Mantenha a planta em local iluminado por duas semanas.

Vamos fazer o registro

1 O que você acha que vai acontecer com a folha com papel-alumínio?

_____

2 Desembrulhe a folha e compare-a com a outra, que ficou descoberta. Que diferenças existem entre elas? Aconteceu o que você esperava?

_____

_____

3 Sobreponha as folhas sobre os respectivos contornos do caderno e faça novos contornos. Qual das folhas cresceu mais?

_____

_____

O que aprendi?

1 Leia o texto abaixo sobre a anta-pretinha.

A descrição de uma nova espécie de anta vivendo na Amazônia, a anta-pretinha [...], foi celebrada por muitos como a descoberta mais extraordinária da zoologia deste século. Afinal, seria a primeira espécie de anta identificada desde 1865 e o maior animal descoberto pela ciência desde 1992, quando pesquisadores descreveram o saola, um bovino das florestas do Vietnã e do Camboja. [...]

Igor Zolnerkevic. *Onde está a anta-pretinha*. Disponível em: <http://linkte.me/sa92p>. Acesso em: 14 jun. 2016.

- Antes de a anta-pretinha ser descoberta, os cientistas conheciam apenas uma espécie de anta no Brasil, chamada popularmente de anta-brasileira. Analise a anta-brasileira da página 65 e escreva no caderno duas diferenças entre ela e a anta-pretinha.

2 Uma folha ficou coberta durante duas semanas com um pedaço de cartolina com um furo no meio, como mostram as ilustrações a seguir. Desenhe como você acha que a folha vai ficar quando o papel for retirado.

3 As figuras abaixo mostram fósseis de dois animais.

A

B

Imagens sem proporção de tamanho entre si.

Representação do esqueleto de um dinossauro.

Representação de um fóssil de concha.

- Qual das figuras ilustra o fóssil de um animal vertebrado? Como você chegou a essa resposta?

4 Leia o texto a seguir.

Os filhotes de cangurus nascem muito pequenos. Após o nascimento, eles permanecem dentro de uma bolsa de pele que existe na barriga da mãe. Nessa bolsa, eles ficam protegidos e mamam o leite que a mãe produz.

O canguru vive na Austrália. No Brasil também existem animais que apresentam essa bolsa, conhecidos por marsupiais, como a catita, a cuíca e o gambá.

Catita, ou guaiquica (*Marmosa murina*), com seus filhotes.

13 cm

filhote

a. Faça uma pesquisa para descobrir algumas informações sobre os marsupiais brasileiros. Escolha uma espécie da lista abaixo e investigue: como é a alimentação dos filhotes e dos adultos (se são herbívoros, carnívoros ou onívoros); onde vivem; se têm hábitos noturnos ou diurnos.

Nome popular	Nome científico
Catita	*Marmosa murina*
Cuíca-lanosa	*Caluromys philander*
Catita	*Didelphis albiventris*

b. Registre suas descobertas no caderno.

91

UNIDADE 3

Os seres vivos se relacionam

Você já conhece muitas características dos seres vivos. Agora, vai estudar como eles convivem uns com os outros e o que fazem para obter alimento e escapar de predadores.

- Observe a imagem ao lado. Nela há um animal escondido. Onde?

- Destaque o animal verde da página 183 e reúna-se com um colega. Deixe seu livro sobre a mesa e peça para que o colega se afaste 4 passos. Escolha um lugar desta ilustração para colocar o animal. O colega deverá tentar encontrá-lo sem se aproximar. É importante que sua escolha dificulte a busca.

- Repita o processo agora com o animal marrom da página 183. Coloque-o no mesmo local do animal verde.

- Em qual caso o colega levou mais tempo para encontrar o animal? Elabore uma hipótese para tentar explicar esse resultado.

- Não ser visto no ambiente é uma vantagem ou uma desvantagem para esse animal? Por quê?

93

CAPÍTULO 1 — Em busca de alimento

Todos os seres vivos precisam de alimento para sobreviver. Ao estudar o modo como cada um consegue seu alimento, percebemos que existem relações entre os seres vivos. Observe a cena abaixo.

1 Do que as capivaras estão se alimentando? Isso indica que elas são herbívoras ou carnívoras?

_____
_____

2 Nessa ilustração também podemos ver uma onça. O que ela está fazendo? Ela é carnívora ou herbívora?

_____
_____

3 Como as plantas que crescem na margem do rio conseguem energia para viver?

_____
_____

4 A onça depende das plantas ao redor do rio, mesmo que não se alimente delas. Converse com o colega e responda: Você concorda com essa afirmação? Por quê?

Obtenção de alimento

O alimento fornece energia aos seres vivos para que eles cresçam e se desenvolvam. Os seres vivos têm diferentes maneiras de obter alimento.

▪ Seres produtores

Os seres que produzem o próprio alimento são chamados produtores. Eles são encontrados tanto em ambientes terrestres como em ambientes aquáticos.

Plantas, algas e algumas bactérias produzem o próprio alimento pela fotossíntese e são exemplos de seres produtores.

Embora produzam o próprio alimento, os seres produtores precisam de sais minerais presentes no solo ou na água para se desenvolver.

Imagens sem proporção de tamanho entre si.

Planta (acima) e alga (ao lado) são exemplos de seres produtores.

▪ Seres consumidores

Os animais não são capazes de produzir o próprio alimento, como fazem as plantas. Eles conseguem alimento consumindo outros seres e, por isso, são chamados **consumidores**.

Animais que consomem exclusivamente partes de plantas são chamados de **herbívoros**. Os herbívoros podem servir de alimento para outros animais, que são chamados de **carnívoros**. Os carnívoros, por sua vez, também podem servir de alimento para outros carnívoros.

A lesma é um consumidor herbívoro.

A serpente é um consumidor carnívoro.

Seres decompositores

Cadáveres de animais, folhas, galhos secos e fezes são exemplos de restos de organismos. Isso tudo serve de alimento a certas bactérias e fungos. As bactérias e os fungos são seres **decompositores**: utilizam os restos de organismos e os transformam em sais minerais e outras substâncias.

As bactérias e alguns fungos são seres microscópicos, ou seja, são muito pequenos para serem vistos a olho nu.

Representação da decomposição do corpo de uma ave morta. O esqueleto, as unhas e as penas são mais resistentes e, portanto, demoram mais tempo para serem decompostos.

1 O pai de Paulo colocou um tomate, uma laranja e um pedaço de pão em potes separados e um chumaço de algodão úmido dentro de cada recipiente. Paulo fechou os potes e observou os alimentos todos os dias, sem abrir os potes. No terceiro dia, surgiram manchas de cores e formatos variados sobre os alimentos. As manchas aumentavam dia a dia, enquanto os alimentos apodreciam.

- Forme um grupo com três colegas e respondam às questões a seguir.

    a. Sabendo que as manchas são fungos visíveis a olho nu, na opinião de vocês, por que as manchas aumentaram com o passar dos dias?

    b. Se os potes permaneceram fechados durante a observação, de onde vieram os fungos que cresceram sobre os alimentos?

2 Observe a cena abaixo. Indique com uma seta o ser produtor, contorne com um retângulo o ser consumidor herbívoro e contorne com círculos os seres consumidores carnívoros.

Imagens sem proporção de tamanho entre si.

3 Observe a figura de uma árvore e uma anta, ambas em decomposição.

a. Que seres vivos você observa sobre o tronco caído? Que seres vivos invisíveis provavelmente estão sobre o tronco e o corpo da anta?

_____

_____

b. Depois de algum tempo, que mudanças são esperadas para os restos da anta e da árvore?

_____

Cadeia alimentar

Os seres vivos dependem uns dos outros para sobreviver. Eles estabelecem relações entre si, como as relações alimentares.

As plantas são o alimento de animais como o gafanhoto, que pode ser consumido pelo sapo, que por sua vez é um dos alimentos da serpente. O esquema abaixo mostra um exemplo de relação alimentar entre seres vivos, também conhecida como **cadeia alimentar**.

Imagens sem proporção de tamanho entre si.

planta → serve de alimento para → gafanhoto → serve de alimento para → sapo → serve de alimento para → serpente

Exemplo de cadeia alimentar terrestre.

Na cadeia alimentar, quando um ser vivo se alimenta de outro ele está obtendo energia para viver. Dizemos que houve transferência de energia do animal que serviu de alimento para o que se alimentou. Essa transferência é representada, no esquema acima, pelas setas.

As plantas utilizam a energia luminosa do Sol e, por meio da fotossíntese, produzem o próprio alimento. Na fotossíntese, as plantas transformam a energia luminosa do Sol em energia química.

A energia transferida de um ser vivo para outro em uma cadeia alimentar não foi criada por nenhum deles: ela foi captada como energia luminosa por plantas e algas, por exemplo, e transformada em energia química.

O veado-campeiro obtém energia das plantas.

A figura a seguir mostra o esquema de uma cadeia alimentar em ambiente aquático.

Imagens sem proporção de tamanho entre si.

Exemplo de cadeia alimentar aquática.

A sardinha se alimenta de um produtor: a alga marinha. A merluza é um consumidor carnívoro, que se alimenta da sardinha. O tubarão, por sua vez, se alimenta da merluza.

Produtores na cadeia alimentar

As cadeias alimentares sempre se iniciam com produtores, como plantas ou algas. Esses seres produzem seu próprio alimento a partir da energia do Sol, depois servem de alimento para os consumidores. Assim, fornecem energia química aos herbívoros que se alimentam diretamente deles, e, depois, aos carnívoros, que se alimentam dos herbívoros.

Predadores na cadeia alimentar

Em geral, os animais carnívoros precisam caçar, isto é, capturar outros animais para comer. Os seres que capturam e matam outros seres para se alimentar são chamados **predadores**. O ser comido pelo predador chama-se **presa**.

Tanto os predadores quanto as presas precisam de energia para viver e realizar todas suas atividades. A energia química obtida quando eles se alimentam é utilizada, por exemplo, para correr e se movimentar, permitindo a caça, a fuga, etc.

A onça-pintada se alimenta da capivara. A onça é o predador e a capivara é a presa.

Mudanças no ambiente podem alterar a quantidade de predadores e presas e criar um desequilíbrio na cadeia alimentar.

Observe o exemplo mostrado nas figuras abaixo.

Imagens sem proporção de tamanho entre si.

Os sapos se alimentam de moscas, besouros e outros insetos. Um sapo adulto pode comer centenas de insetos em um único dia.

Uma forte seca levou muitos sapos à morte. Sem predadores, as presas se reproduziram em excesso. Em pouco tempo, o número de moscas e outros insetos aumentou muito.

■ Decompositores na cadeia alimentar

Os decompositores também participam da cadeia alimentar. Eles se alimentam de restos de organismos, como fezes, partes de plantas e animais mortos. Ao se alimentarem, os decompositores transformam esses restos em sais minerais e outras substâncias, que são incorporadas ao solo e podem ser absorvidas pelas plantas.

A borboleta se alimenta do néctar produzido pela planta.

A borboleta é a presa da aranha, que, por sua vez, serve de alimento ao bem-te-vi.

Ao morrer, o bem-te-vi é decomposto por seres decompositores.

As plantas absorvem água e sais minerais do solo.

Os sais minerais que resultam dessa decomposição são incorporados ao solo.

Exemplo de cadeia alimentar terrestre. Os seres decompositores foram representados dentro do círculo, muito ampliados.

Os decompositores são essenciais para a cadeia alimentar. Sem eles, os restos dos organismos não seriam decompostos e ficariam acumulados no ambiente. Além disso, os sais minerais presentes nesses restos não retornariam ao solo e, portanto, não estariam disponíveis para as plantas.

1 Analise o texto a seguir.

> Aqui na mata é assim que funciona. Vem um inseto e come uma plantinha. O inseto se distrai, aparece um passarinho e come o inseto. O passarinho nem acabou a digestão, chega uma cobra e engole o passarinho. A cobra acha que está tudo bem, mas vai parar na barriga de uma corujona. Dali a pouco um gato-do-mato dá um bote na corujona e faz sua refeição.

Lalau e Laurabeatriz. *Diário de um papagaio*: uma aventura na Mata Atlântica. São Paulo: Cosac Naify, 2007. p. 13.

- Desenhe no quadro abaixo a cadeia citada no texto.

2 Observe a foto ao lado e faça o que se pede.

a. Na imagem, onde aparecem restos de organismos mortos em decomposição?

_____
_____
_____
_____

b. Imagine que os decompositores dessa floresta desapareceram. O que aconteceria com as folhas das árvores que caíssem dos galhos?

Solo com folhas caídas na floresta Amazônica. Manaus, Amazonas.

_____
_____

Alterações na cadeia alimentar

Os seres vivos de uma cadeia alimentar dependem uns dos outros para sobreviver. Quando o número de indivíduos de uma das espécies de uma cadeia aumenta ou diminui muito, os outros seres são afetados. Isso provoca uma **alteração na cadeia alimentar**.

Alterações como essa podem ocorrer por causas naturais, como períodos de seca muito longos, incêndios e erupções vulcânicas, ou devido a algumas atividades humanas. Observe o exemplo ilustrado abaixo.

Imagens sem proporção de tamanho entre si.

A Agricultores que trabalhavam em plantações de milho foram picados por serpentes que se escondiam entre as plantas.

B Para evitar novos acidentes, os agricultores passaram a matar todas as serpentes que encontravam.

C As serpentes se alimentam de aves, ovos e também de ratos. Com a diminuição do número de serpentes, os ratos da região se multiplicaram.

D Os ratos se alimentam de grãos, como milho e soja. Eles comem os grãos nas plantações e também os que já estão estocados. O excesso de ratos causou prejuízos aos agricultores.

1 Analise a cadeia alimentar da figura abaixo.

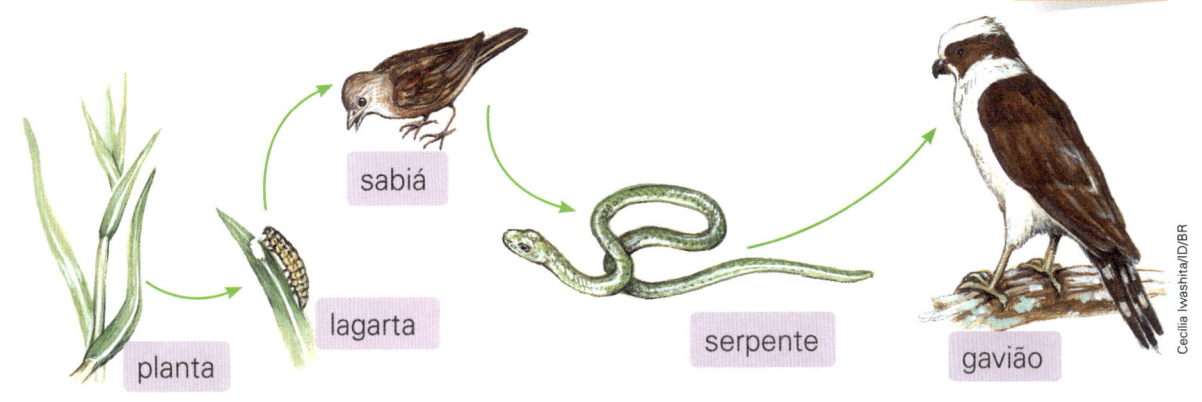

Imagens sem proporção de tamanho entre si.

planta — lagarta — sabiá — serpente — gavião

- Escreva nos espaços em branco das frases abaixo o nome do ser vivo que se encaixa nas características mencionadas.

   a. A _____ realiza fotossíntese e é um produtor.

   b. A serpente consome o _____ e serve de alimento para o _____.

   c. A _____ é um consumidor herbívoro.

2 A figura abaixo representa uma cadeia alimentar da qual o ser humano participa.

algas microscópicas (ampliadas) — animais microscópicos (ampliados)

Imagens sem proporção de tamanho entre si.

   a. Descreva a cadeia alimentar representada: quem se alimenta de quê?

   b. Considerando a cadeia alimentar que você descreveu acima, responda: Quem é o ser produtor?

   c. Imagine que a água se torne poluída, matando algas e animais microscópicos. O que pode acontecer aos outros seres vivos dessa cadeia?

Agora já sei!

1 Os pulgões são insetos que se alimentam de líquidos contidos em plantas, como o morangueiro. Esses insetos são presas de joaninhas, que por sua vez servem de alimento para as aranhas.

Imagens sem proporção de tamanho entre si.

a. A cadeia alimentar representada abaixo tem um erro. Reescreva essa cadeia da forma correta e indique o nome do produtor, do consumidor herbívoro e dos carnívoros.

morangueiro ⟶ pulgão ⟶ aranha ⟶ joaninha

_____

_____

b. Para combater os pulgões, um agricultor aplicou inseticidas na plantação, matando muitos pulgões e joaninhas. O que pode acontecer às aranhas? Por quê?

_____

_____

2 Observe a foto ao lado.

■ Qual é a importância da decomposição dessa árvore para outras árvores vivas que estão a seu redor?

_____

_____

_____

_____

Tronco de árvore caído em processo de decomposição.

3 Observe as fotos e insira uma legenda para cada imagem.

Imagens sem proporção de tamanho entre si.

A 2 cm

B 25 cm

_____

C 60 cm

D 3 m

_____

a. Complete o quadro abaixo com o nome da presa e do predador mostrados em cada foto.

Foto	Predador	Presa
A		
B		
C		
D		

b. Reveja o conteúdo da página 102 e compare com a foto **B**. Agora reflita e responda: Um mesmo animal pode ter mais de um predador?

_____

105

CAPÍTULO 2 — **Em busca da sobrevivência**

Observe as fotos abaixo.

Abelha.

Escorpião.

Cascavel.

Onça-pintada.

1 Como os animais das fotos obtêm alimento? E como eles se defendem?

2 Escreva o nome de um animal que:

a. vive em tocas ou esconderijos. _____

b. tem garras grandes e afiadas. _____

c. injeta veneno quando se sente ameaçado. _____

d. tem espinhos no corpo. _____

Presas e predadores

Para sobreviver, os animais precisam encontrar alimento e escapar de seus predadores. Existem diferentes maneiras de ataque e defesa.

■ Para obter alimento

Os herbívoros consomem plantas. Como elas permanecem fixas em um local, eles não precisam persegui-las para se alimentar. Porém, as plantas podem apresentar defesas contra herbívoros, como ter espinhos ou produzir substâncias tóxicas.

Os carnívoros, em geral, precisam capturar suas presas. Alguns desses animais têm a visão, o olfato e a audição muito **aguçados**, o que os ajuda a procurar e a capturar suas presas. Outros carnívoros imobilizam suas presas, como é o caso de muitas aranhas.

Mesmo voando, a águia é capaz de ver um peixe na água. Em um rápido mergulho, ela usa suas garras para capturar o animal. As águias têm o bico curvo, que permite arrancar pedaços de carne de suas presas.

Aguçado: capaz de perceber as sensações com precisão e rapidez.

Imagens sem proporção de tamanho entre si.

■ Tipos de dentes

Cavalos, bois, girafas e outros herbívoros arrancam as folhas com os dentes da frente e trituram com os dentes do fundo, que são achatados.

Em geral, os animais carnívoros, como a onça, o leão e o tubarão, têm dentes pontudos e afiados. Com esses dentes, os carnívoros seguram e arrancam pedaços de carne de sua presa.

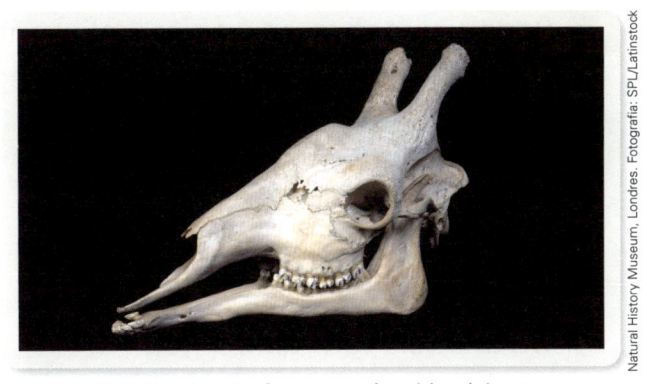

Foto de crânio de girafa, um animal herbívoro.

O formato pontiagudo deste dente ajuda a rasgar a carne das presas.

Foto de crânio de leão, um animal carnívoro.

+ SAIBA MAIS

Qual é o cardápio de hoje?

Os cientistas estudam os hábitos alimentares dos animais de várias maneiras. Pode parecer estranho, mas uma das formas de saber o que os animais comem é observar suas fezes. As fezes têm restos que não foram aproveitados e que são eliminados do corpo, como sementes e outras partes de plantas, pelos e pedaços de ossos. Dessa forma, os pesquisadores coletam dados para descobrir se um animal é carnívoro, herbívoro ou **onívoro**.

Onívoro: que se alimenta tanto de plantas quanto de animais.

Imagens sem proporção de tamanho entre si.

A lobeira é uma pequena árvore comum no Cerrado. Seus frutos são muito apreciados pelo lobo-guará.

As fezes de lobo-guará, como as apresentadas acima, podem conter sementes da lobeira.

1 Pesquise sobre os hábitos alimentares do lobo-guará. De acordo com sua dieta, ele pertence a qual categoria? Por quê?

_____

_____

■ Para evitar predadores

Os animais têm diferentes modos de escapar de seus predadores. Alguns animais vivem em bandos, como as zebras, o que desencoraja o ataque dos predadores, por terem de enfrentar muitos indivíduos.

As listras da zebra podem dificultar o reconhecimento de um único animal em meio ao bando, conferindo proteção adicional contra predadores.

Outros animais mordem, picam ou ferroam para se defender. Isso acontece com vespas, serpentes, certos peixes e muitos outros animais.

Existem outras formas de defesa. Veja exemplos nas fotos abaixo.

Polvo próximo a um mergulhador. Os polvos e as lulas, quando se sentem em perigo, liberam uma tinta na água, dificultando a visão do predador.

Os espinhos do ouriço são pelos duros e pontudos. Ele **eriça** os espinhos quando se sente ameaçado.

Eriçar: erguer, levantar.

2 O baiacu é um peixe sem escamas, seu corpo é coberto de espinhos. Quando se sente ameaçado, o baiacu infla o corpo e seus espinhos ficam totalmente à mostra. Por isso, ele também é chamado de peixe-balão.

Baiacu com o corpo não inflado.

Baiacu com o corpo inflado.

■ A capacidade de inflar-se protege o baiacu de alguns predadores. Explique por quê.

Camuflagem

Carapaças, venenos e espinhos são algumas formas de defesa contra predadores. Alguns animais, no entanto, possuem outra maneira de se proteger.

Observe as fotos a seguir e tente descobrir que animal está "escondido" em cada uma delas.

Carapaça: cobertura dura que protege o corpo de certos animais.

Imagens sem proporção de tamanho entre si.

Os animais que aparecem nas fotos são muito parecidos com algum componente do ambiente em que vivem. Dessa forma, eles se confundem com o ambiente e, assim, seus predadores têm dificuldade de encontrá-los. Dizemos que esses animais estão **camuflados**.

Em geral, a camuflagem é eficiente apenas em certo tipo de ambiente. Um animal camuflado em um chão coberto de folhas secas, por exemplo, pode ser facilmente percebido em um gramado.

Certos animais, como o polvo e o camaleão, podem mudar de cor de acordo com o ambiente em que estão. Essa capacidade permite que eles fiquem camuflados em diversos ambientes. Conforme se confundem com o ambiente, as presas ficam menos visíveis a seus predadores, dificultando a caça.

Imagens sem proporção de tamanho entre si.

Os predadores também se beneficiam com a camuflagem. A foto ao lado mostra uma aranha, animal carnívoro, que se parece com a flor da planta. Assim, insetos que visitam a flor em busca de néctar não percebem a aranha e acabam sendo capturados por ela.

A aranha, de cor amarela, captura a vespa, sua presa.

+ SAIBA MAIS

Cuidado, sou venenoso!

Muitos animais apresentam cores chamativas. Mas, ao contrário de atrair predadores, essa estratégia os afasta.

Se um predador, ao se alimentar de um animal com cores chamativas, sentiu um gosto desagradável ou os efeitos do veneno de sua presa, provavelmente evitará novo contato com animais semelhantes.

Por isso, diz-se que esses animais possuem cores de advertência.

"Cuidado, sou venenoso!" é a mensagem que parece ser transmitida pelas cores da vespa *Vespula germanica* (**A**) e do sapo *Dendrobates leucomelas* (**B**) a seus predadores.

1 Leia o texto abaixo.

> Você já deve ter andado no meio da mata, despercebido, e nem notou que os galhos de algumas árvores se mexiam de forma diferente.
>
> O bicho-pau possui uma aparência diferente da maioria dos animais. O bicho-pau é um inseto [...] muito parecido com galhos de árvores, tanto na forma quanto na cor [...]. É herbívoro, alimenta-se de folhas e brotos de algumas árvores, como goiabeiras e pitangueiras. Eles [...] se reproduzem sexuadamente, quando macho e fêmea copulam e a fêmea coloca ovos que se desenvolverão em filhotes [...]. Seus ovos têm a forma semelhante a pequenas sementes.
>
> Bicho-pau (*Baculum extradentatum*).

Raquel Faria. É um bicho ou é um pau? Ponto Ciência.
Disponível em: <http://linkte.me/hmc6a>. Acesso em: 7 jun. 2016.

a. Como o bicho-pau se protege de predadores?

_____
_____

b. Por que se pode dizer que os ovos também são camuflados?

_____

2 Observe amostras da cobertura do corpo de quatro animais. Elas apresentam diferentes desenhos e cores. Qual desses quatro padrões é mais adequado para a camuflagem? Expliquem.

_____
_____
_____

http://linkte.me/b0202
No *site* do Zoológico de Sorocaba vale a pena conferir as fichas com informações sobre os animais, a galeria de fotos e fazer um *tour* virtual.
Acesso em: 8 jun. 2016.

Na prática

Você vê o que eu vejo?

Você vai precisar de: um pedaço de cartolina branca do tamanho de duas folhas de sulfite, dois pedaços de jornal do tamanho de uma folha de sulfite, uma folha branca de sulfite, tesoura com pontas arredondadas e cola.

Experimente

1. Recorte 20 quadrados de uma folha de jornal. Faça o mesmo com a folha branca de sulfite. Cada quadrado deve ter cerca de 2 cm de lado, conforme mostrado ao lado.

2. Para fazer o tabuleiro, dobre a cartolina ao meio. Cole uma folha de jornal em uma das metades da parte interna da cartolina.

3. Convide um colega para jogar. Coloque todos os quadrados sobre o pedaço de jornal e misture-os. Feche o tabuleiro e coloque-o na frente do colega.

4. Abra o tabuleiro e conte até 10. Durante esse tempo, o colega deverá pegar, um de cada vez, o maior número de quadrados que conseguir.

5. Ao terminar o tempo, conte quantos quadrados o colega pegou. Conte separadamente os quadrados brancos e os quadrados de jornal. Agora é sua vez de jogar. Ganha o jogo quem pegar mais quadrados.

Responda

1. Vocês pegaram mais quadrados de jornal ou mais quadrados brancos? Por quê?

2. Converse com o colega. O que aconteceria se vocês usassem um fundo branco, em vez de jornal, para fazer o tabuleiro? Experimentem. Coloquem os quadrados sobre a metade branca do tabuleiro e repitam o jogo. Aconteceu o que vocês esperavam?

3. Crie um título para o jogo.

---

http://linkte.me/yfj55
Quer conhecer os sapos amazônicos? Nesse *site* você vai poder ver fotos e ouvir o coaxar de vários sapos que vivem na floresta Amazônica.
Acesso em: 8 jun. 2016.

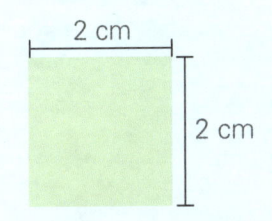

Mimetismo

Certos animais não se parecem com o ambiente em que vivem, mas sim com outros seres vivos. Essa semelhança, que também pode afugentar predadores, é chamada **mimetismo**. Observe as fotos a seguir.

Compare os olhos de uma coruja com as manchas na asa da borboleta que está na foto ao lado.

As manchas são parecidas com os olhos da coruja. O mimetismo assusta e afugenta os predadores.

A coral verdadeira é um animal **peçonhento**. A picada dessa serpente pode matar uma pessoa.

Essa é a falsa coral, que não é peçonhenta, mas tem a aparência de uma coral verdadeira.

Peçonhento: animal que produz veneno e que pode injetá-lo no corpo de suas presas.

Serpentes, como essa cobra-cipó, são predadoras de certas aves.

Nessa posição, o corpo dessa lagarta parece a cabeça de uma serpente.

1 Leia o texto abaixo.

Imagens sem proporção de tamanho entre si.

Borboleta-monarca

A borboleta-monarca é encontrada no Brasil e em outros países. Em suas asas predomina o laranja, uma cor viva. O corpo dessa borboleta contém substâncias tóxicas que provocam vômitos nos animais que se alimentam dela. Por isso, muitos pássaros evitam comê-la.

A ave vomita após comer a borboleta-monarca e passa a evitar essa espécie de borboleta.

Os cientistas descobriram que pássaros que evitam comer a borboleta-monarca também rejeitam outra espécie de borboleta, chamada de vice-rei. Mas a borboleta vice-rei não é tóxica e não provoca vômitos em seus predadores.

Borboleta-monarca.

Borboleta vice-rei.

a. Observe as fotos das duas borboletas. As duas espécies são parecidas?

b. Elabore uma explicação para o fato de a borboleta vice-rei não ser procurada pelos predadores da borboleta-monarca.

115

Agora já sei!

1 Observe atentamente as informações do quadro abaixo.

A raposa-do-ártico vive no hemisfério Norte, em locais onde o inverno é muito frio. Nessa época do ano, quando uma camada de neve recobre o chão, os pelos cinza ou castanhos da raposa são substituídos por uma pelagem branca. Ao fim do inverno, ocorre outra troca: os pelos brancos voltam a dar lugar a uma pelagem acinzentada ou acastanhada.

Raposa-do-ártico com pelagem de inverno.   Raposa-do-ártico com pelagem de verão.

Texto para fins didáticos.

■ Explique como a pelagem da raposa-do-ártico serve de camuflagem para esse animal.

_____

_____

2 Observe a foto abaixo.

■ Observe o formato dos dentes do gato. Qual é a função de dentes como esses? O que podemos supor sobre a alimentação desse animal apenas observando seus dentes?

Gato doméstico.

_____

_____

3 Leia o texto abaixo.

Alguns animais possuem mecanismos de proteção para não virarem "comida" de outros animais. Na camuflagem, por exemplo, o animal se confunde, no aspecto ou na cor, com o ambiente em que vive e, dessa forma, consegue se esconder. [...]
Quando os animais de uma espécie assemelham-se aos de outra, obtendo alguma vantagem com a semelhança, chamamos de mimetismo. A cobra-coral é um exemplo de mimetismo, pois a falsa coral não é venenosa e se beneficia por ser parecida com a coral verdadeira que é venenosa. [...]

Ellen Pombal. Prato principal??? Nem pensar!!! InVivo.
Disponível em: <http://linkte.me/gnx58>. Acesso em: 7 jun. 2016.

■ Agora observe as fotos abaixo e relacione cada uma delas a um dos dois tipos de defesa descritos no texto. Siga o exemplo.

Bicho-folha.
Camuflagem

Leão.
_____

Borboleta.
_____

Lagarta.
_____

CAPÍTULO 3 — Os seres vivos e o ambiente

A ação humana sobre o ambiente é antiga. Há muito tempo, os seres humanos que viviam em pequenos grupos já causavam mudanças ambientais.

Há cerca de 35 mil anos, os homens caçavam para comer. Também colhiam frutos, folhas, raízes e sementes. Viveram assim durante muito tempo. Apenas há 10 mil anos esse modo de vida começou a mudar.

[...] E, ao mesmo tempo que domesticavam e criavam animais, os seres humanos começaram a enterrar sementes e esperar as plantas crescerem. Foi assim que se tornaram agricultores e criadores de animais. E também foi assim que as matas começaram a ser destruídas para dar lugar às plantações, aos pastos e às casas.

Para proteger o que plantavam, os homens passaram a exterminar ratos, insetos e, para proteger os animais que criavam, começaram a matar lobos e outros carnívoros.

[...] Assim, no decorrer do tempo, quase todas as paisagens da Terra foram modificadas.

Rosicler Martins Rodrigues. *Vida na Terra*: conhecer para proteger. São Paulo: Moderna, 1992. p. 49-51.

1 Como o ser humano conseguia alimento antes de começar a plantar?

2 Por que, com a prática da agricultura, teve início também a destruição de matas?

3 Pense nos alimentos que sua família consome. Em sua opinião, a agricultura continua sendo uma atividade fundamental para a sobrevivência humana?

4 Além do ser humano, que outros fatores podem alterar o ambiente?

As relações entre os seres vivos

Os seres não vivem isolados. Além de dependerem de componentes do ambiente, como calor e água, eles também dependem uns dos outros e se relacionam de diversas maneiras. A predação é um exemplo dessa relação. Além dela, há outros exemplos, que você vai conhecer a seguir.

■ Predação

Chamamos de **predação** quando um ser vivo se alimenta de outro ser vivo. Essa relação ocorre, por exemplo, entre os animais carnívoros e suas presas. Na predação, para que um dos indivíduos se beneficie, o outro sempre sairá prejudicado.

Borboleta predada por um louva-a-deus.

Onça-pintada carregando sua presa, uma capivara.

Imagens sem proporção de tamanho entre si.

Esta serpente-comedora-de-ovos é um animal predador.

▪ Parasitismo

O **parasitismo** acontece quando um ser vivo se alimenta à custa de um ser de outra espécie, sem matá-lo. Por exemplo, na relação entre pulgas e um cachorro, as pulgas sugam o sangue do animal para se manterem vivas. A pulga é o **parasita** e o cachorro é o **hospedeiro**.

Neste tipo de relação, o parasita sempre se beneficia, pois retira nutrientes do hospedeiro, prejudicando-o. O parasita pode viver fora do corpo do hospedeiro, como fazem a pulga e o piolho, ou dentro dele, como as lombrigas e as tênias.

A relação de parasitismo também pode ser observada entre plantas.

Imagens sem proporção de tamanho entre si.

Os fios amarelados visíveis na foto são do cipó-chumbo. Essa planta não tem folhas nem clorofila. Suas raízes entram no caule de outras plantas e absorvem o alimento que elas produzem.

▪ Outros tipos de relações

Agora você vai conhecer outros tipos de relações, nas quais os seres vivos envolvidos não são prejudicados e pelo menos um deles é beneficiado.

Na relação entre a rêmora e o tubarão, a rêmora é beneficiada e o tubarão não é prejudicado. A rêmora se prende ao corpo do tubarão e se alimenta dos restos de comida deixados por ele. Essa relação é chamada de **comensalismo**.

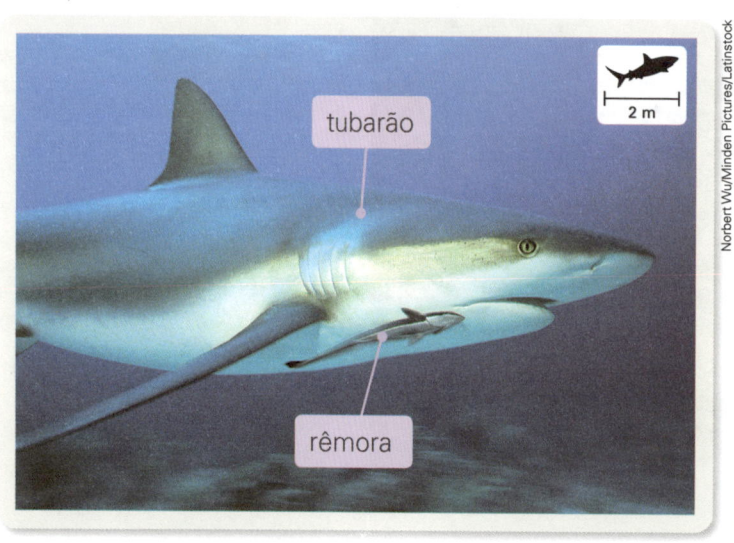

Rêmora e tubarão.

Algumas aves se alimentam de parasitas presentes na pele de outros animais, como o búfalo. Dessa maneira, a relação é benéfica para ambos: as aves obtêm alimento e o búfalo se mantém livre de parasitas. Essa relação é chamada de **protocooperação**.

Aves retirando parasitas o búfalo.

Às vezes, os dois seres vivos beneficiados dependem um do outro. Essa relação é conhecida como **mutualismo**. Algumas plantas, por exemplo, só conseguem formar frutos e sementes quando polinizadas por um animal. E esse animal depende do néctar fornecido pela planta para sobreviver.

Beija-flor polinizando flor.

1 Leia o texto abaixo.

Imagens sem proporção de tamanho entre si.

O camarão-limpador se alimenta de restos de comida e parasitas que existem dentro da boca da garoupa.
Nessa relação, o camarão-limpador e a garoupa não dependem um do outro para sobreviver.

O camarão-limpador e a garoupa.

Texto para fins didáticos.

a. O texto afirma que há parasitas dentro da boca da garoupa. Os parasitas trazem benefícios ou prejudicam seus hospedeiros? Explique.

_____

_____

b. O camarão-limpador é beneficiado nessa relação? E a garoupa?

_____

_____

Os ecossistemas

Um **ecossistema** é o conjunto formado pelos seres vivos, pelos componentes do ambiente e também pelas relações que existem entre todos eles. Não há tamanho definido para um ecossistema. Ele pode ser uma floresta, um lago ou um aquário com peixes, plantas, algas e microrganismos.

Juntos, todos os locais do planeta onde existe vida – desde o fundo do mar até o topo das montanhas – podem ser considerados um grande ecossistema.

Os componentes vivos e não vivos de um ecossistema estão em equilíbrio dinâmico, isto é, a mudança em um componente pode afetar outros. Observe as figuras.

Imagens sem proporção de tamanho entre si.

Ilustrações: Cecília Iwashita/ID/BR

1 Os seres vivos transpiram e eliminam água em forma de vapor no ambiente. A água presente no solo e em rios e mares também evapora.

2 O vapor de água pode se condensar e formar nuvens, que vão dar origem às chuvas.

3 O desmatamento pode diminuir a quantidade de vapor de água no ambiente e provocar mudanças no clima e na quantidade de chuva de um lugar. Muitos animais e plantas não conseguem se adaptar a essas mudanças.

1 Preste atenção na conversa dos meninos.

> UM LAGO É UM ECOSSISTEMA FORMADO POR PEIXES E PLANTAS.

> A ÁGUA TAMBÉM FAZ PARTE DESSE ECOSSISTEMA?

Imagens sem proporção de tamanho entre si.

- Como você responde à pergunta do menino?

_____
_____

2 Observe as figuras abaixo.

A

B

- Qual das figuras mostra o ambiente mais adequado para manter uma tartaruga-tigre-d'água saudável? Por quê?

_____
_____

3 As fotos a seguir mostram alguns exemplos de ecossistemas.

Recife de corais.   Floresta.   Ambiente polar.

- Que diferenças existem entre eles?

_____
_____

123

O ser humano e os ecossistemas

Assim como os outros seres vivos, o ser humano precisa de água, ar e alimento. Mas, para suprir suas necessidades, os seres humanos modificam o ambiente mais do que qualquer outra espécie. Algumas dessas modificações prejudicam outras espécies e até a própria espécie humana.

▪ Desmatamento

Matas e outros ambientes naturais são destruídos para dar lugar a cidades, estradas e plantações, por exemplo. À medida que cresce o número de pessoas no planeta, mais espaços precisam ser abertos, inclusive para depositar o lixo produzido por todas elas.

Área de floresta desmatada para criação de gado. Alta Floresta, MT, 2012.

Vista aérea de desmatamento na floresta Amazônica, na região de Santarém, PA, 2013.

O desmatamento gera impactos no ambiente, entre eles a erosão do solo e a alteração no clima de um lugar. Transformações drásticas como essas ameaçam a sobrevivência de muitos seres vivos.

A agricultura, a pecuária e a construção de cidades são muito importantes para a vida das pessoas. Mas essas atividades devem ser planejadas para causar o menor dano possível ao ambiente.

@ http://linkte.me/a231m
Os jogos **Aventuras no Campo** e **No Caminho Sustentável** proporcionam diversão e conhecimento sobre os cuidados com os ecossistemas. Acesso em: 8 jun. 2016.

Poluição e seres vivos

Algumas atividades humanas podem poluir o ambiente. O ar poluído contém impurezas emitidas por fábricas, por queimadas e pela fumaça dos automóveis, que usam combustíveis como a gasolina e o óleo *diesel*.

O solo e a água subterrânea podem ser contaminados pelo lixo ou por agrotóxicos usados nas plantações, que podem ser carregados para os rios pela água da chuva. Muitas vezes, os rios também recebem esgoto não tratado.

Prejuízos às espécies

O ser humano utiliza muitas espécies de plantas e animais para obter alimentos e outros produtos. Há casos, porém, em que esse uso é feito de maneira indevida.

O palmito, por exemplo, é uma planta muito explorada que corre risco de extinção. Para obter o palmito, é preciso cortar a árvore. Como a extração de palmito foi feita de maneira excessiva, hoje restam poucas palmeiras dessa espécie em sua área de origem, a Mata Atlântica.

Imagens sem proporção de tamanho entre si.

A palmeira do palmito é conhecida como juçara.

O tráfico de animais é outro exemplo de ação humana que pode causar a extinção de espécies. Os animais são retirados de seu ambiente, mantidos em gaiolas, normalmente em más condições, e muitos acabam morrendo.

Às vezes, sem perceber, os seres humanos transportam algumas espécies de seu local de ocorrência para um lugar em que elas não existiam inicialmente. A introdução de espécies em um local pode ser bem-sucedida, mas também pode provocar prejuízos ambientais. Se as espécies não encontram predadores, por exemplo, podem se reproduzir em excesso e afetar a cadeia alimentar.

Aves apreendidas com traficantes no município de São Paulo em 2012.

O caramujo africano foi trazido ao Brasil para ser usado como alimento. Ele se espalhou por vários estados do país e, hoje, causa prejuízos às plantações e pode transmitir doenças ao ser humano.

1 Leia este texto sobre saúvas e eucaliptos e responda às questões a seguir.

Em Brasília, grandes áreas foram reflorestadas com eucalipto, substituindo a vegetação nativa do Cerrado.

Animais como o tatu, a cobra-cega e o tamanduá, que são grandes comedores de formigas, não se adaptam à floresta de eucalipto. Mas as formigas, especialmente as saúvas, vivem bem entre essas árvores.

As formigas, livres de seus predadores, aumentaram muito em número, e os formigueiros aumentaram em tamanho e quantidade. Foi preciso fazer uma matança de saúvas.

Cerrado: tipo de vegetação presente nas regiões Sudeste e Centro-Oeste do Brasil.

Ruth de Gouveia Duarte. *Lições da natureza*. São Paulo: Atual, 2011. p. 42.

a. Qual modificação feita pelo ser humano nesse ambiente afetou os animais que viviam nele?

_____

_____

b. O tatu, a cobra-cega e o tamanduá são animais encontrados no Cerrado. O que pode ter acontecido com esses animais após a alteração do ambiente?

_____

_____

2 Leia este texto sobre um caso de desequilíbrio em cadeias alimentares que aconteceu na Austrália.

Não existiam coelhos na Austrália. Em 1787, um fazendeiro que pretendia reproduzir as caçadas a coelhos realizadas em seu país de origem, a Inglaterra, levou da Europa para a Austrália vinte e quatro desses animais.

Como os coelhos se reproduzem rapidamente e na Austrália não existiam predadores para eles, a população de coelhos aumentou muito, causando um problema para o país, pois os coelhos passaram a comer as plantações de alimentos e o capim destinado às ovelhas e a outros animais.

Texto para fins didáticos.

■ O que causou o problema narrado no texto?

Qual é o nosso papel?

As ações humanas podem causar danos aos ecossistemas e prejudicar a sobrevivência das próprias pessoas e de outros seres vivos.

Para diminuir esses problemas e respeitar a natureza, novas propostas estão sendo colocadas em prática. Às vezes, essas propostas dependem de um grupo de pessoas, ou seja, são ações coletivas. Outras vezes, são ações individuais. Veja alguns exemplos.

O reflorestamento é uma medida adotada por muitas empresas para compensar os prejuízos ambientais causados por elas.

A água já usada em algumas atividades pode ser reutilizada em certas situações, como na lavagem de automóveis.

Em vez de usar mangueira para limpar a calçada, é possível economizar água varrendo o local.

Ao evitar compras desnecessárias, a quantidade de lixo produzido e descartado diminui.

1 Além das ações individuais acima, que outras atitudes você pode ter para ajudar a diminuir os problemas ambientais?

Agora já sei!

1. Forme dupla com um colega para participar do **Jogo das interações**, sobre as relações entre os seres vivos.

   - Recortem as peças das páginas 183 a 191.

   - Distribuam as fichas sobre a mesa e formem os pares. Cada par é composto por uma ficha de um ser vivo e uma ficha que represente a interação dele com outro ser vivo ou com elementos do ambiente. Por exemplo, uma ficha de bem-te-vi e outra de uma aranha predada por essa ave formam um par. Da mesma forma, uma ficha de urso-polar e outra de ambiente com neve também formam um par.

   - Misturem e distribuam oito fichas para cada jogador, com a face das imagens voltada para baixo. O restante das fichas forma o monte.

   - O objetivo do jogo é formar e descartar o maior número de pares. A cada jogada, um jogador compra uma ficha do monte ou da mesa e descarta uma ficha.

   - A partida termina quando um dos jogadores conseguir formar quatro pares.

2. Leia as informações da ficha abaixo e responda às questões a seguir.

   Nome popular: onça-pintada.

   Nome científico: *Panthera onca*.

   Hábitat: matas da América do Sul e América Central.

   Predadores naturais: não há.

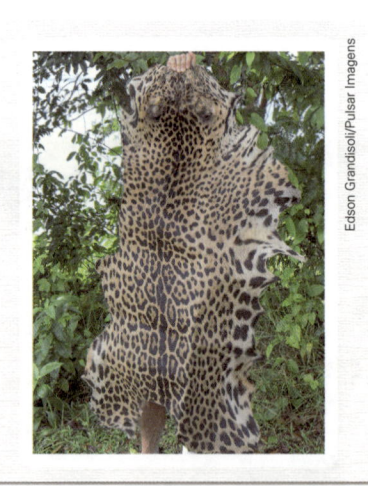

   Pele de onça apreendida.

   a. As onças-pintadas não têm um predador natural. Então por que elas estão correndo perigo?

   _____

   _____

   b. No Brasil, caçar onças é proibido por lei. Mesmo assim, elas continuam sendo caçadas. Se a caça continuar, e as onças entrarem em extinção, o que pode acontecer com os animais que são presas das onças?

3 Imagine um vulcão entrando em erupção e liberando lava a seu redor. Esse tipo de acontecimento pode destruir um ecossistema. Dê um exemplo de outra situação, de causa natural, capaz de afetar os ecossistemas.

_____

_____

4 Cite duas relações ecológicas que podem existir entre os seres vivos relacionados a seguir.

pulga   rato   serpente

_____

_____

5 Assim como as orquídeas, certas espécies de bromélias também são epífitas, isto é, vivem apoiadas sobre árvores. Bromélias e orquídeas produzem o próprio alimento.

Bromélias apoiadas sobre o tronco de uma árvore.

a. Que tipo de relação ecológica existe entre as bromélias e as árvores?

_____

b. Que diferença existe entre essa relação e o parasitismo?

_____

_____

_____

Vamos fazer!

O que acontece com o lixo na natureza?

Você vai observar a decomposição de alguns materiais. Forme um grupo com mais três colegas e realizem as atividades desta página e da página seguinte.

Do que vocês vão precisar

- uma garrafa plástica de refrigerante cortada
- terra úmida de quintal ou jardim
- miolo de uma maçã
- uma folha de alface
- uma tampinha de metal
- uma embalagem de plástico pequena
- um saco plástico transparente
- um elástico
- fita-crepe
- caneta
- luvas de borracha

Atenção!

O professor vai cortar cada garrafa a ser utilizada. Use luvas de borracha e lave as mãos após realizar esta atividade. Procure selecionar alimentos que não seriam consumidos.

Como fazer

1. Coloquem na garrafa metade da terra.

Atenção!
Cuidado para não se ferir com a borda da garrafa.

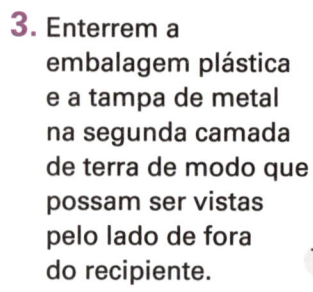

2. Disponham os restos de alimentos na terra de modo que possam ser vistos por fora através da garrafa. Coloquem mais um pouco de terra.

3. Enterrem a embalagem plástica e a tampa de metal na segunda camada de terra de modo que possam ser vistas pelo lado de fora do recipiente.

4. Cubram a garrafa com o saco plástico, prendendo-o com um elástico. Escrevam a data em um pedaço de fita-crepe e colem como uma etiqueta na garrafa. Observem durante três semanas.

Ilustrações: Studio Pack/ID/BR

Vamos fazer o registro

1 O que aconteceu com cada material depois desse tempo? Por quê?

2 O lixo doméstico é formado por materiais como cascas de frutas, restos de alimento e embalagens de plástico. O que acontece aos objetos de plástico descartados no ambiente?

130

O que é compostagem?

A compostagem é uma técnica em se que utilizam restos de jardim e sobras de alimentos para produzir **adubo**. O adubo é aplicado em hortas e jardins para melhorar a qualidade do solo e contribuir para o desenvolvimento das plantas.

Do que vocês vão precisar

- uma caixa de madeira ou papelão
- um saco plástico com tamanho suficiente para forrar a caixa
- tesoura com pontas arredondadas
- uma pá pequena
- luvas de borracha
- restos de alimentos e de plantas: cascas de frutas, talos de verduras e de legumes, folhas secas

Como fazer

1. Cortem o saco plástico ao meio seguindo o vinco. Vocês vão obter dois pedaços iguais. Usem um deles para forrar a caixa.

2. Usando luvas, coloquem uma camada de terra no fundo da caixa.

3. Coloquem por cima da terra os restos de alimento e cubram com outra camada de terra.

4. Cubram a caixa com o outro pedaço de plástico. A cada dez dias, remexam o conteúdo usando a pá e as luvas.

5. Façam isso durante três meses, mantendo a terra úmida, mas não encharcada. Depois desse período, o adubo que vocês prepararam já pode ser misturado ao solo de uma horta ou jardim.

Vamos fazer o registro

1 O que vocês acham que acontecerá com os materiais enterrados?

2 Alguns agricultores misturam folhas e outros restos de plantas no solo após a colheita. Essa prática melhora o desenvolvimento de plantios futuros. Por quê?

O que aprendi?

1 Durante um experimento, um pesquisador criou girinos em aquário. Os girinos se alimentavam de algas presentes na água. Após alguns dias, o pesquisador colocou peixes carnívoros no aquário. O gráfico a seguir mostra a quantidade de girinos antes e depois que esses peixes foram colocados.

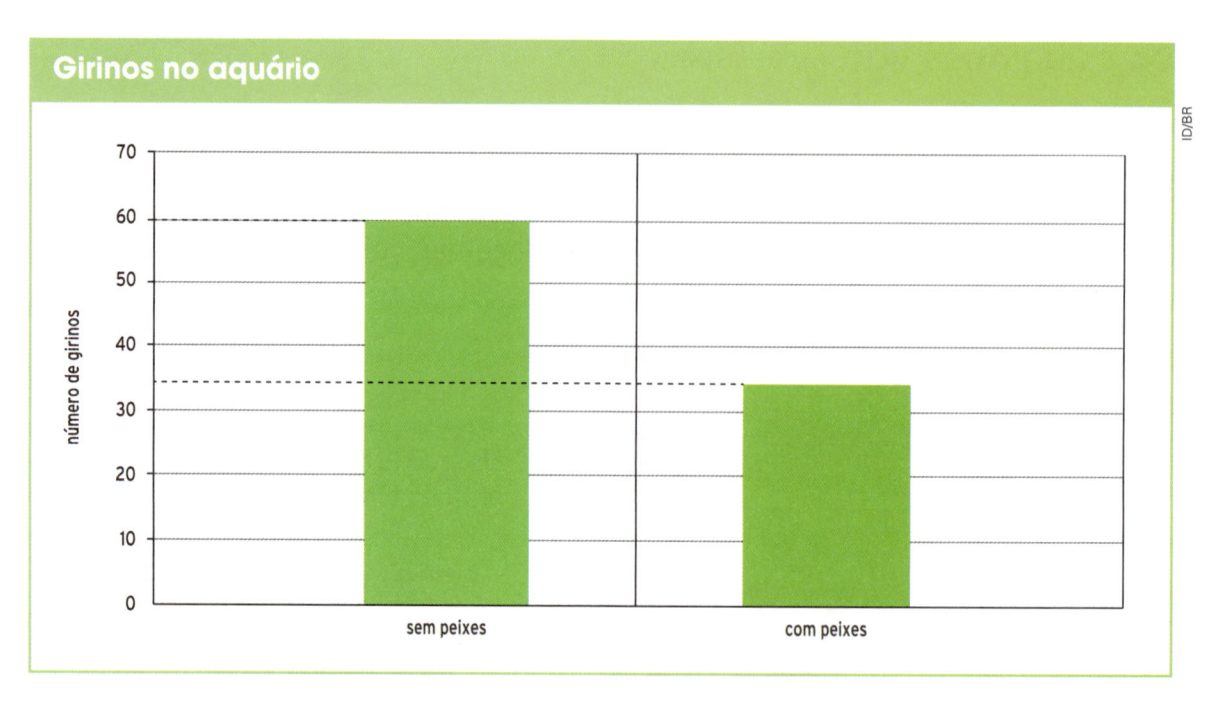

Girinos no aquário

(Gráfico de barras — eixo y: número de girinos (0 a 70); sem peixes: 60; com peixes: aproximadamente 34.)

a. O que aconteceu com o número de girinos depois que os peixes foram colocados no aquário?

b. Elabore uma explicação para esse resultado.

c. Que tipo de relação ecológica provavelmente existe entre peixes e girinos?

d. Monte uma cadeia alimentar para os seres desse aquário.

e. O que pode acontecer aos peixes desse aquário se todos os girinos morrerem?

2 Observe a foto.

Vista aérea da cidade de Cruzeiro do Sul, PR. Foto de 2015.

a. Para a construção das cidades, como essa da foto, a vegetação que havia nesse lugar teve de ser retirada. Como se chama esse tipo de modificação do ambiente? _____

b. Além da alteração mencionada acima, cite outros impactos causados ao meio ambiente pela existência de uma cidade.

_____
_____

3 Leia o poema abaixo sobre o efeito estufa.

[...] Gases presos no espaço
Ser humano em embaraço
Por seus atos impensados [...]
E o que causa a emissão
Desses gases violentos?
As queimadas das florestas
[...]
As indústrias e os veículos
[...] Gás carbônico dos carros
Aviões e caminhões

Pois os meios de transporte
Geram muitas emissões
Se não dá pra viver sem
Para o mundo viver bem
Penso sempre em reduções.

César Obeid. *Aquecimento global não dá rima com legal*. São Paulo: Moderna, 2009. p. 18-19.

a. Por que os gases do poema são chamados de "violentos"?

b. Procure em jornais e revistas duas manchetes de notícias sobre as modificações provocadas pelos seres humanos nos ambientes. Copie as manchetes.

c. Em sua opinião, as mudanças provocadas pelo ser humano podem trazer consequências para outros seres vivos? Converse com os colegas.

UNIDADE 4

O ser humano

Você realiza muitas atividades: estuda, corre, brinca, conversa. Mesmo quando você está descansando, seu corpo continua ativo, realizando funções fundamentais para sua vida, como digerir alimentos e respirar.

- Você já participou de uma gincana? Conte aos colegas como foi essa experiência.

- Agora, monte os peões da página 191 e o tabuleiro das páginas 193 a 195, destaque as cartas das páginas 197 a 199 e prepare-se para participar da **Gincana da saúde**!

- Você já realizou um exercício físico intenso? Que mudanças notou em seu corpo durante a atividade?

- O que você conhece sobre problemas relacionados à alimentação?

- O que você pode fazer para ajudar a manter sua saúde?

Saber Ser

135

CAPÍTULO 1 — Alimentação

Durante o dia, desempenhamos várias atividades. Veja as figuras.

1 Você faz alguma dessas atividades? Quais?

_____

_____

_____

2 Em sua opinião, de que o corpo precisa para conseguir executar essas e outras atividades do dia a dia?

_____

_____

_____

3 Você fornece vários tipos de alimento a seu corpo. Complete a tabela com os itens que você ingeriu ontem.

Refeição	Alimentos
Café da manhã	
Lanche	
Almoço	
Lanche	
Jantar	

Alimentos e nutrientes

Nos alimentos existem **nutrientes**, que fornecem a energia e os materiais de que o corpo precisa para crescer, se desenvolver e se proteger das doenças. Os carboidratos, os lipídios, as proteínas, os sais minerais e as vitaminas são alguns nutrientes presentes nos alimentos.

Imagens sem proporção de tamanho entre si.

Carboidratos – Esses nutrientes fornecem energia ao corpo. Os carboidratos estão presentes em alimentos ricos em açúcar e amido, como pães, macarrão, batata, mandioca, arroz, mel e doces.

Lipídios – Fornecem energia ao corpo, assim como os carboidratos. Estão presentes, por exemplo, em óleos, manteiga, creme de leite e carnes gordas.

Proteínas – São nutrientes responsáveis, por exemplo, pelo crescimento do corpo e pela cicatrização de ferimentos. Alimentos como carnes, leite, ovos, feijão e soja são ricos em proteínas.

Sais minerais e vitaminas – São importantes para a manutenção do corpo e a prevenção de algumas doenças. Estão presentes em alimentos como frutas, verduras, leite, ovos e certas carnes.

A **água** está presente na maioria dos alimentos. Assim, além da água que bebemos, também a ingerimos quando tomamos sucos, chás, leite e quando comemos verduras, frutas e outros alimentos.

+ SAIBA MAIS

As fibras alimentares

As fibras alimentares estão presentes em frutas, hortaliças e cereais. Elas não fornecem nutrientes nem são digeridas pelo nosso organismo. Ainda assim são importantes e devem fazer parte de nossa alimentação. As fibras dão melhor consistência às fezes e facilitam sua eliminação.

As fibras estão presentes em alimentos de origem vegetal, como feijão, verduras, legumes e frutas.

A energia dos alimentos

O rótulo dos alimentos industrializados informa quais nutrientes existem no produto. O valor calórico se refere à energia química fornecida pelo alimento. Costumamos nos referir à medida dessa energia como a quantidade de calorias.

A energia que obtemos dos alimentos é usada para realizarmos todas as nossas atividades, como andar, estudar ou brincar. Algumas atividades nos fazem gastar mais energia que outras, como mostram as figuras abaixo.

Exemplo de uma tabela nutricional presente em rótulos de produtos industrializados. Note que na tabela estão indicadas as quantidades de diferentes nutrientes.

Informação Nutricional
Porção de 200 mL (1 copo)

Quantidade por porção		% VD (*)
Valor energético	124 kcal = 521 kJ	6
Carboidratos	9,0 g	3
Proteínas	6,2 g	8
Gorduras totais	7,0 g	13
Gorduras saturadas	4,3 g	20
Gorduras trans	0 g	**
Fibra alimentar	0 g	0
Sódio	110 mg	5
Cálcio	248 mg	25

* % Valores diários de referência com base em uma dieta de 2000 kcal ou 8400 kJ. Seus valores diários podem ser maiores ou menores dependendo de suas necessidades energéticas.
** % VD não estabelecido

Ler ou assistir à TV sentado: 85 kcal por hora.

Dormir ou permanecer deitado: 60 kcal por hora.

Andar de bicicleta: 320 a 480 kcal por hora.

1 Observe as formas utilizadas por duas crianças para ir à escola.

■ Quem gastou mais energia para chegar à escola? Por quê?

_____

_____

Alimentação saudável

Uma alimentação saudável e equilibrada fornece a quantidade adequada de nutrientes necessários ao nosso organismo. Para consumir todos os nutrientes de que precisamos, devemos ter uma alimentação variada, que combine diferentes alimentos.

■ A escolha dos alimentos

Hábitos alimentares saudáveis dependem da escolha correta dos alimentos. Nem todos os alimentos podem ser consumidos na mesma proporção. Frutas, hortaliças e cereais devem ser consumidos em maior quantidade.

Alimentos ricos em lipídios ou em açúcares, como refrigerantes, frituras, balas e guloseimas, devem ser consumidos com moderação, pois pequenas quantidades desses alimentos já fornecem muita energia ao organismo. Alguns contêm muito sal; outros, muito açúcar. Se forem consumidos em excesso, pode-se ter problemas de saúde.

Sempre que possível, dê preferência aos alimentos típicos de sua região. Esses produtos costumam ser mais baratos e mais fáceis de serem encontrados.

Exemplo de refeição que apresenta todos os grupos de nutrientes.

■ Quantidade necessária de alimento

A quantidade de alimentos necessária a cada pessoa depende de sua idade e seu modo de vida. Por exemplo, quem pratica esportes deve consumir alimentos mais ricos em calorias do que quem é **sedentário**.

As necessidades alimentares podem mudar em certas situações. Por exemplo, as mulheres geralmente precisam consumir mais alimentos ricos em calorias e vitaminas durante a gravidez.

Sedentário: quem se exercita pouco.

Praticantes de esportes gastam muita energia e por isso precisam consumir alimentos ricos em carboidratos.

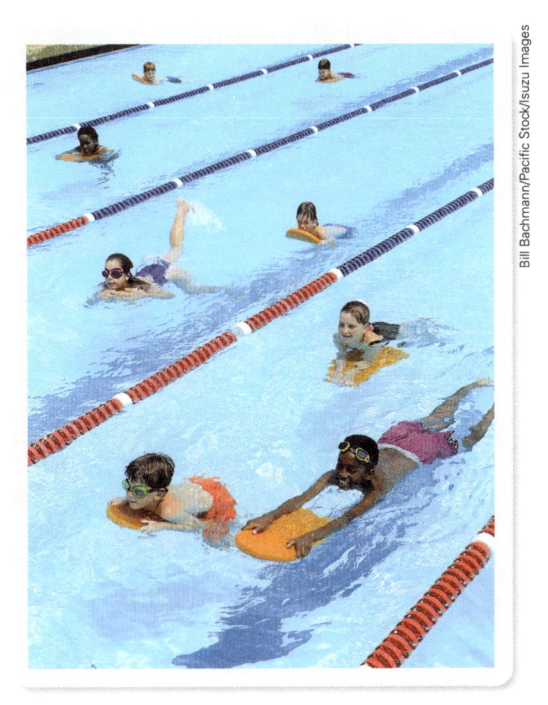

Problemas ligados à alimentação

Desnutrição

A falta de nutrientes pode provocar a desnutrição. Isso acontece quando consumimos menos alimentos que o necessário ou quando a alimentação não é variada. A desnutrição pode provocar fraqueza, emagrecimento intenso e maior possibilidade de contrair doenças. Ela é mais grave na infância, pois é uma fase de intenso desenvolvimento e crescimento.

Obesidade

Quando consumimos mais calorias do que gastamos, transformamos o excesso de energia em gordura. Esse é um dos motivos pelos quais engordamos. O excesso de gordura pode levar à **obesidade**, que está relacionada a algumas doenças.

Um corpo magro não é sinônimo de saúde. A massa corpórea saudável varia de indivíduo para indivíduo.

1 Observe o rótulo ao lado.

a. O alimento que apresenta esse rótulo é rico em qual tipo de nutriente?

_____

b. Assinale qual dos alimentos representados ao lado pode ter esse rótulo. Justifique sua escolha.

_____
_____
_____

INFORMAÇÃO NUTRICIONAL	
Porção de 1 colher de sopa	
Valor calórico	90 kcal
Carboidratos	23 g
Lipídios	0 g
Proteínas	0 g
Fibras alimentares	0 g

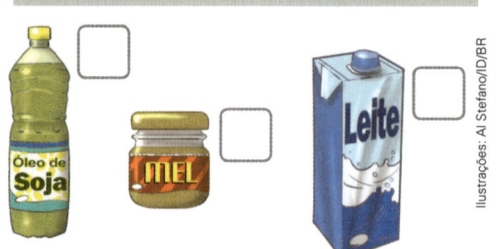

⊕ SAIBA MAIS

As pessoas são diferentes

[...] A capacidade de transformar calorias em gorduras varia de indivíduo para indivíduo e isso explica por que duas pessoas com o mesmo peso e altura, que comem os mesmos alimentos, podem fazer gordura com menor ou maior eficiência, e esta última é que tenderá a ser gorda.

A habilidade de queimar gorduras também varia de pessoa para pessoa. [...]

Obesidade e desnutrição. Ministério da Saúde. Disponível em: <http://linkte.me/z086w>. Acesso em: 13 jun. 2016.

+ SAIBA MAIS

Dicas para uma alimentação saudável

Comer frutas e verduras. Esses alimentos são ricos em vitaminas, minerais e fibras.

Para cada 2 colheres de arroz, comer 1 de feijão. Esses dois alimentos se complementam, principalmente no que diz respeito às proteínas (a proteína que falta em um tem no outro e vice-versa). [...]

Evitar gorduras e frituras. [...]

Comer com calma [...]. Quando comemos com pressa, não saboreamos o alimento e demoramos mais tempo para ficar satisfeitos. Por isso, comemos mais. [...]

Evitar doces e alimentos calóricos. Devemos prestar atenção não só à quantidade, mas também à qualidade dos alimentos, pois existem aqueles que são pobres em nutrientes e ricos em calorias. São chamados "calorias vazias". [...]

Comer de tudo, mas caprichar em verduras, legumes, frutas e cereais. Não é preciso "cortar" nenhum alimento da dieta. Basta estar atento às quantidades e dar preferência aos alimentos ricos em nutrientes em vez de calorias.

Atividade física: duração e frequência. O ideal é fazer um pouco de atividade física todos os dias. [...] O professor de Educação Física é a pessoa certa para dar orientações sobre o assunto. O que você não pode é ficar parado!

Ilustrações: Bruna Ishihara/ID/BR

Obesidade e desnutrição. Ministério da Saúde.
Disponível em: <http://linkte.me/z086w>. Acesso em: 13 jun. 2016.

A conservação dos alimentos

Percebemos que um alimento está estragado pela aparência, pela cor, pelo cheiro e pelo sabor alterados. O apodrecimento é causado pela ação de fungos e bactérias. Muitas vezes presentes no ar e sobre a superfície dos objetos, os fungos e as bactérias decompõem os alimentos e se reproduzem rapidamente. Alimentos estragados não devem ser consumidos, pois podem causar intoxicação alimentar e outras doenças.

À esquerda, pão próprio para o consumo; à direita, pão com bolor (fungos), inadequado para o consumo.

■ Técnicas de conservação

De acordo com o tipo de alimento, a decomposição pode ocorrer em poucos dias. Existem várias maneiras de conservar os alimentos, isto é, de prolongar o período em que eles podem ser consumidos. Para isso, é preciso impedir ou pelo menos tornar mais lenta a ação dos microrganismos decompositores.

Desidratação

Na desidratação de alimentos, retira-se grande parte da água existente neles. Fungos e bactérias encontram dificuldade para sobreviver em ambientes com pouca água, por isso alimentos desidratados duram mais. A desidratação pode ser feita, por exemplo, expondo o alimento ao sol ou à fumaça e adicionando muito sal ou açúcar. O açúcar é bastante utilizado na conservação de frutas, como na fabricação de compotas ou geleias.

O leite desidratado é chamado de leite em pó.

A banana desidratada e a geleia dessa fruta são conservadas por mais tempo que a banana fresca.

Algumas carnes não precisam ficar na geladeira porque foram salgadas e desidratadas.

142

Adição de conservantes

Muitos alimentos industrializados contêm conservantes, que impedem a ação dos decompositores.

A presença de conservantes é indicada no rótulo dos alimentos.

Refrigeração e congelamento

Os microrganismos decompositores morrem ou se reproduzem mais lentamente em baixas temperaturas. Por isso, o resfriamento e o congelamento são utilizados para retardar a decomposição.

Pasteurização

Na pasteurização, os alimentos são aquecidos em altas temperaturas e, depois, resfriados rapidamente. Esse processo mata muitos microrganismos, incluindo os que causam doenças. Mas, após a pasteurização, se o alimento entrar em contato com o ar, ele pode ser contaminado novamente.

Detalhe de embalagem de leite pasteurizado.

▬ Prazo de validade

As técnicas que você estudou prolongam o tempo de conservação do alimento, mas não garantem que ele dure eternamente. Por isso é importante observar a **data de validade**, isto é, a data limite para o consumo de um alimento.

Não compre ou consuma alimentos com prazo de validade vencido. Mesmo um alimento com boa aparência pode estar estragado e ser prejudicial à saúde.

1 Peça a ajuda de um adulto para fazer uma pesquisa utilizando os alimentos de sua casa. Preencha a tabela a seguir com o nome de três alimentos e a técnica de conservação utilizada para cada um.

Alimento	Técnica de conservação

Agora já sei!

1. Observe os alimentos da tabela e complete as lacunas com os nutrientes.

Alimentos ricos em _____	Alimentos ricos em _____	Alimentos ricos em _____	Alimentos ricos em _____
batata	filé de peixe	manteiga	abacaxi
arroz	feijão	azeite	alface
pão	frango	queijo	tomate

■ Consulte as informações da página 137 e proponha uma refeição e um lanche com nutrientes de todos os grupos.

_____

2. Leia o texto abaixo.

Para retardar a decomposição dos alimentos, é preciso evitar a ação de fungos e bactérias presentes naturalmente nos alimentos e no ambiente a seu redor.

Alimentos mantidos sem contato com o ar poderão ser conservados por mais tempo. A embalagem a **vácuo** é uma técnica moderna de conservação que utiliza esse princípio: o ar é retirado da embalagem e a falta de gás oxigênio dificulta a sobrevivência dos microrganismos.

Vácuo: ausência de matéria, incluindo o ar.

Cenouras embaladas a vácuo. Não existe ar dentro da embalagem.

Texto para fins didáticos.

a. Por que os alimentos que não entram em contato com o ar demoram mais tempo para estragar?

_____

b. Além da embalagem a vácuo, que outras técnicas podem ser usadas para conservar o brócolis?

_____

144

3 As fichas abaixo contêm informações sobre dois alimentos apresentados na ilustração a seguir. Quais são eles?

- ✓ alimento de origem animal
- ✓ pobre em carboidratos
- ✓ pode ser conservado pela salga

- ✓ alimento de origem vegetal
- ✓ pobre em carboidratos e lipídios
- ✓ pode ser conservado pela refrigeração

4 As pessoas das fotos estão praticando esportes.

■ Que alimentos você sugere a elas para que reponham a energia gasta nas atividades? E para repor a água e os sais minerais perdidos com a transpiração?

CAPÍTULO 2 Digestão

Nosso corpo aproveita os nutrientes dos alimentos para crescer, se desenvolver e se manter protegido contra doenças.

Você já pensou no que acontece com os alimentos que comemos?

1. Use uma folha de papel fino para copiar o contorno da figura ao lado.

2. Após copiar o contorno da figura, desenhe o trajeto que você imagina que os alimentos fazem dentro do nosso corpo.

3. O que você imagina que acontece com o pão e a água dentro do nosso corpo?

4. Compare seu desenho com o dos colegas. Todos fizeram o trajeto do alimento da mesma forma? Quais foram as principais diferenças?

5. Assine seu desenho e coloque a data. Com a orientação do professor, organize na classe uma exposição de todos os trabalhos. Cada aluno vai retomar seu desenho mais adiante, neste capítulo.

Para onde vai o alimento que comemos

Ao comer, mastigamos os alimentos e os engolimos. E depois, onde eles vão parar?

A digestão dos alimentos envolve várias etapas, que são realizadas por um conjunto de órgãos localizados dentro do corpo humano. Por meio da digestão, os nutrientes dos alimentos ingeridos são absorvidos pelo nosso corpo.

■ Sistema digestório

Os órgãos que realizam a digestão formam o **sistema digestório**.

Esses órgãos estão representados na figura ao lado.

Os alimentos entram no corpo pela **boca**. Ao serem engolidos, passam pela **faringe** e pelo **esôfago** e chegam ao **estômago**. Em seguida, passam para o **intestino delgado**, onde os nutrientes são absorvidos. Os restos não aproveitados seguem para o **intestino grosso**, onde as fezes são formadas. Ao fim do intestino grosso está o ânus, por onde as fezes são eliminadas.

Os órgãos em destaque no parágrafo anterior formam o tubo digestório, um tubo contínuo por onde os alimentos passam.

As glândulas salivares, o fígado e o pâncreas não fazem parte desse tubo, isto é, os alimentos não passam por dentro deles. Essas partes do corpo produzem líquidos que auxiliam na digestão.

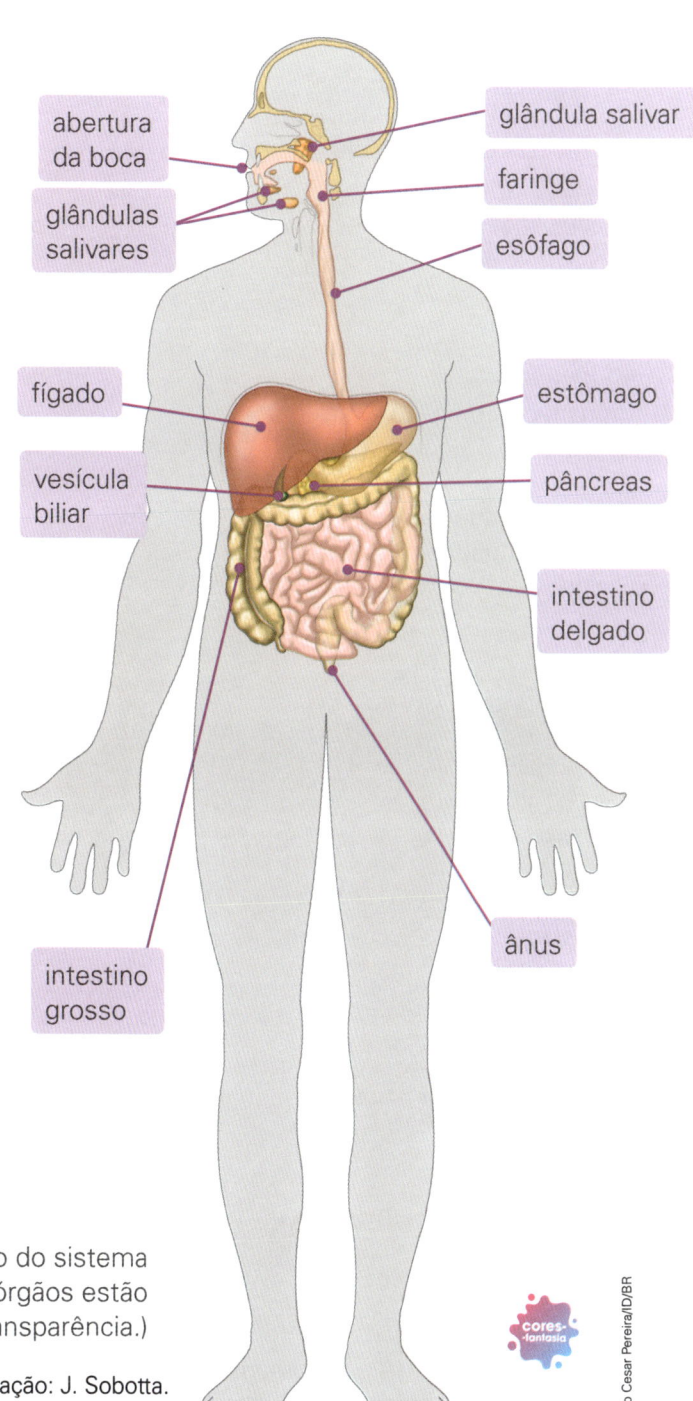

Representação do sistema digestório. (Alguns órgãos estão representados em transparência.)

Fonte de pesquisa da ilustração: J. Sobotta. *Atlas de anatomia humana*. Rio de Janeiro: Guanabara Koogan, 2006. v. 1. p. 14.

Como é a digestão

Os alimentos que colocamos na boca precisam ser quebrados em porções menores para que o corpo possa absorver seus nutrientes. Essa quebra acontece por meio da mastigação e da ação de substâncias digestivas, que dividem os alimentos em pedaços menores.

Observe a figura abaixo e acompanhe, pelo texto dos quadros, o caminho que o alimento faz dentro do corpo.

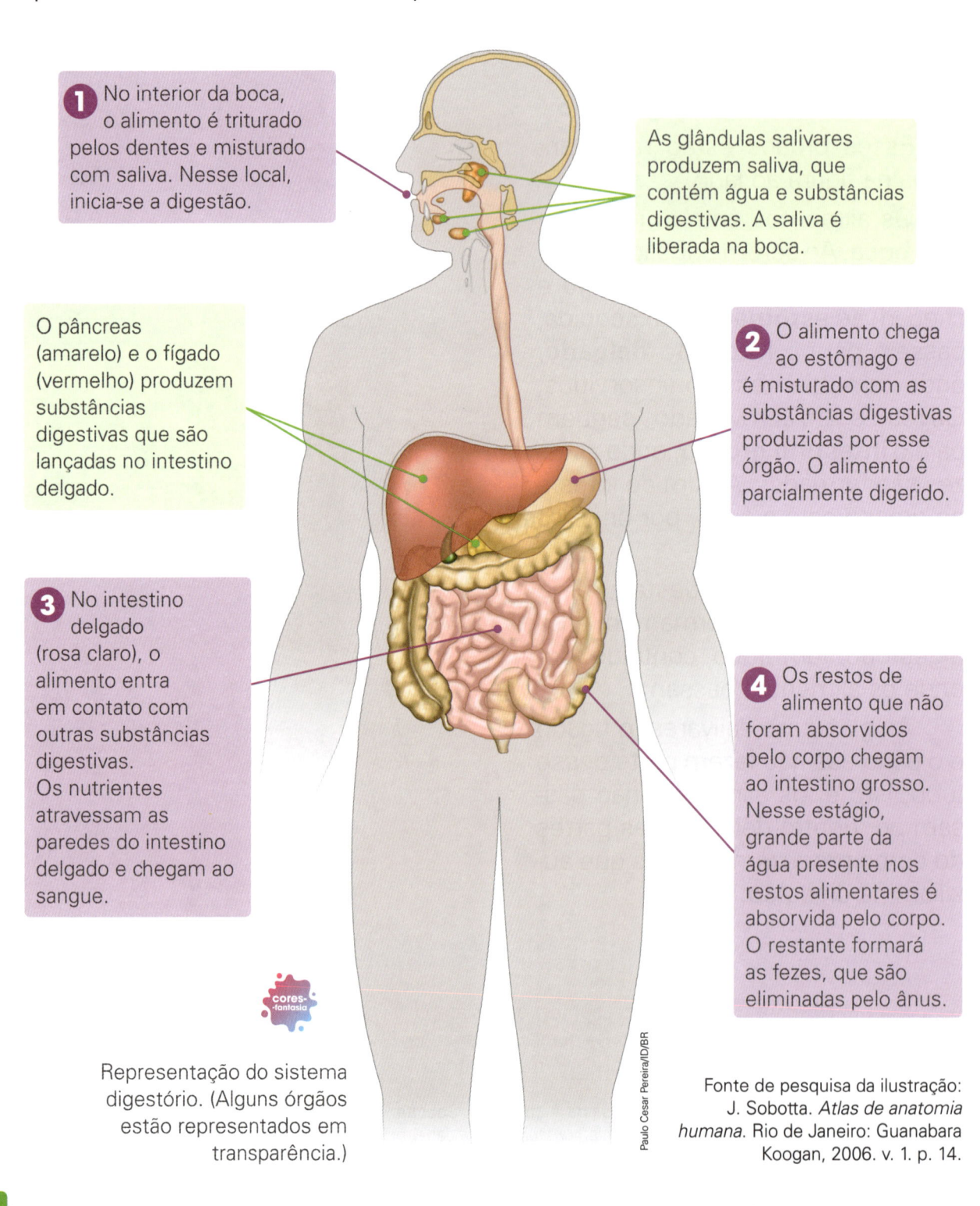

1 No interior da boca, o alimento é triturado pelos dentes e misturado com saliva. Nesse local, inicia-se a digestão.

As glândulas salivares produzem saliva, que contém água e substâncias digestivas. A saliva é liberada na boca.

O pâncreas (amarelo) e o fígado (vermelho) produzem substâncias digestivas que são lançadas no intestino delgado.

2 O alimento chega ao estômago e é misturado com as substâncias digestivas produzidas por esse órgão. O alimento é parcialmente digerido.

3 No intestino delgado (rosa claro), o alimento entra em contato com outras substâncias digestivas. Os nutrientes atravessam as paredes do intestino delgado e chegam ao sangue.

4 Os restos de alimento que não foram absorvidos pelo corpo chegam ao intestino grosso. Nesse estágio, grande parte da água presente nos restos alimentares é absorvida pelo corpo. O restante formará as fezes, que são eliminadas pelo ânus.

Representação do sistema digestório. (Alguns órgãos estão representados em transparência.)

Fonte de pesquisa da ilustração: J. Sobotta. *Atlas de anatomia humana*. Rio de Janeiro: Guanabara Koogan, 2006. v. 1. p. 14.

+ SAIBA MAIS

A mastigação

A mastigação é uma etapa importante da digestão. Os alimentos são triturados pelos dentes e acabam virando uma pasta à medida que se misturam com a saliva. Se a mastigação não é bem-feita, é mais difícil engolir os alimentos e também digeri-los. Com formas e tamanhos variados, os dentes da boca humana realizam funções diferentes na mastigação.

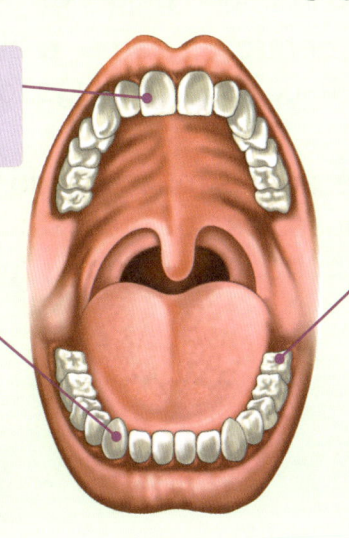

Os incisivos ficam na frente da boca e cortam os alimentos.

Os caninos estão ao lado dos incisivos. Eles rasgam e furam os alimentos.

Nos lados e no fundo da boca estão os pré-molares e os molares. Eles são achatados e trituram os alimentos.

Representação da dentição de uma criança de 10 anos de idade.

Fonte de pesquisa da ilustração: G. Tortora e S. Grabowski. *Corpo humano*. Porto Alegre: Artmed, 2006. p. 481.

Na prática

Compreendendo a importância da mastigação

Que tal investigar o que acontece com os alimentos durante a mastigação?

Você vai precisar de: dois comprimidos efervescentes, dois copos com água e papel toalha.

Experimente

1. Triture um comprimido efervescente dentro da embalagem.
2. Retire o outro comprimido da embalagem e coloque-o inteiro no copo. Coloque, ao mesmo tempo, o comprimido triturado no outro copo e observe o que acontece.

Responda

1. Qual comprimido se dissolve por completo mais rapidamente, o triturado ou o inteiro? Por quê?
2. Converse com o colega e explique qual é a relação entre o que vocês observaram no experimento e o que acontece com os alimentos na boca.

■ Como o alimento vai da boca até o ânus?

O tubo digestório de um adulto tem cerca de 7 metros de comprimento. Ou seja, o alimento ingerido percorre aproximadamente 7 metros, desde a boca até o ânus.

Observe novamente a figura da página 148. Note que os intestinos delgado e grosso não estão esticados. Esses órgãos são muito longos. Localizado dentro do abdome, o intestino delgado apresenta várias dobras. O intestino grosso se encontra ao redor do intestino delgado.

Durante o trajeto que faz dentro do corpo, o alimento é empurrado pela contração e relaxamento de músculos do esôfago, do estômago e dos intestinos.

Não podemos controlar a ação dos músculos do tubo digestório, ao contrário do que acontece com os músculos dos braços ou das pernas, por exemplo. Por isso, o bolo alimentar é empurrado ao longo do tubo digestório independentemente de nossa vontade.

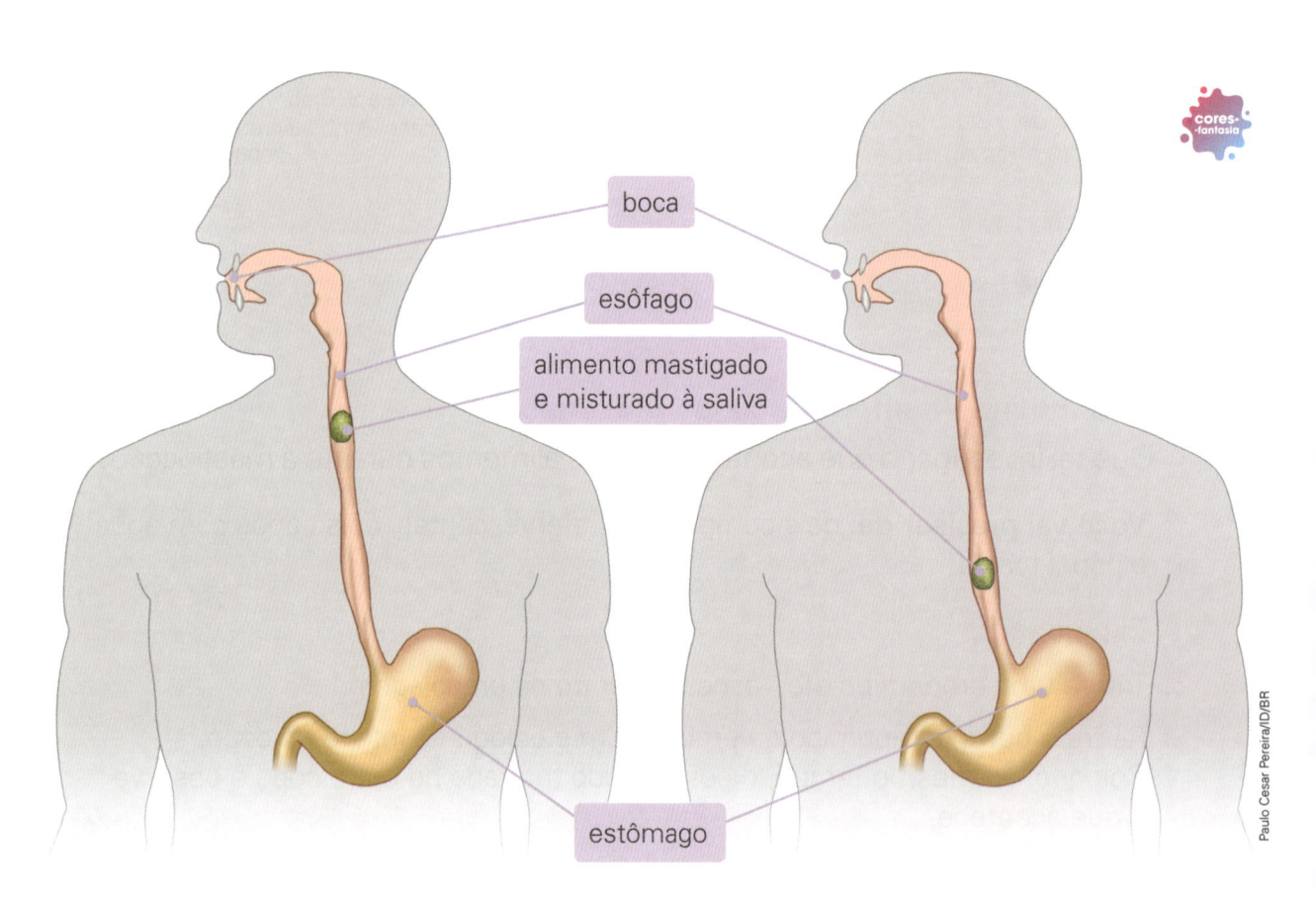

O alimento não "cai" pelo tubo digestório depois de ser engolido. Ele se movimenta do esôfago em direção ao estômago pela ação de músculos. Os músculos contraem a parede do esôfago, apertando e empurrando o alimento para baixo.

Fonte de pesquisa da ilustração: J. Sobotta. *Atlas de anatomia humana*. Rio de Janeiro: Guanabara Koogan, 2006. v. 1. p. 14.

1 A figura a seguir mostra um esquema simplificado do sistema digestório. Observe-a e responda às questões.

a. Qual letra indica a parte do corpo que:

- elimina as fezes? _____
- conduz o alimento ao estômago? _____
- é a entrada do alimento no corpo? _____
- forma as fezes? _____
- não faz parte do tubo digestório? _____
- absorve os nutrientes presentes no alimento? _____
- está entre o esôfago e o intestino delgado? _____

b. Qual é o nome do órgão indicado pelo símbolo ★?

_____

Fonte de pesquisa da ilustração: G. Tortora e S. Grabowski. *Corpo humano*. Porto Alegre: Artmed, 2006. p. 478.

A boca
B esôfago
C fígado
D estômago
E intestino delgado
F intestino grosso
G ânus

2 Numere as frases abaixo na sequência correta.

☐ O alimento chega ao estômago.

☐ As fezes são eliminadas pelo ânus.

☐ O esôfago conduz o alimento até o estômago.

☐ Os restos alimentares não aproveitados seguem para o intestino grosso.

☐ Os alimentos são mastigados na boca.

☐ Os nutrientes são absorvidos no intestino delgado.

☐ Depois de engolido, o alimento passa pela faringe e pelo esôfago.

A higiene dos alimentos e a saúde

Você já sabe que maus hábitos alimentares podem provocar doenças como obesidade e desnutrição.

Além disso, há doenças causadas pela falta de higiene em relação aos alimentos e à água. Eles podem estar contaminados por microrganismos causadores de doenças (como o cólera) ou por ovos de animais parasitas (como as lombrigas). Assim, podemos ficar doentes ao ingerir água e alimentos contaminados.

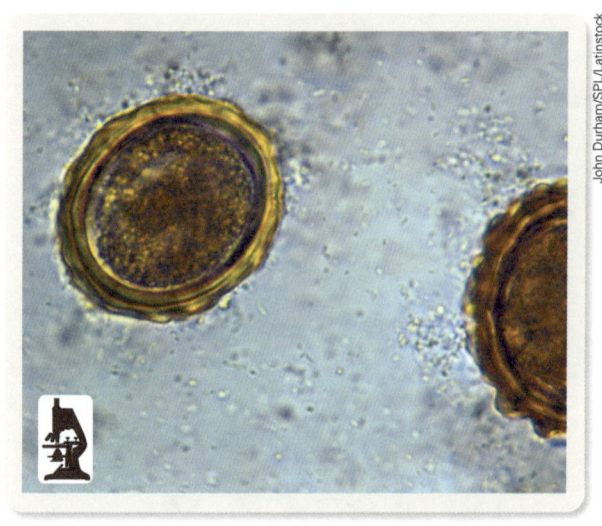

Imagens sem proporção de tamanho entre si.

Os ovos de lombrigas são muito pequenos para serem vistos a olho nu e podem estar presentes na água e nos alimentos. Essa foto foi tirada com microscópio e aumentada cerca de 1 000 vezes.

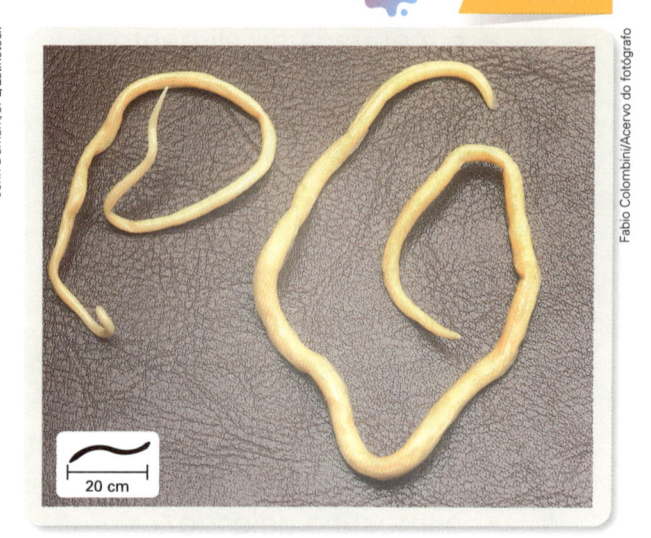

Lombrigas adultas. O nome popular desse animal parasita é semelhante a seu nome científico, *Ascaris lumbricoides*.

O quadro a seguir mostra algumas doenças que podem ser contraídas por ingestão de alimentos contaminados.

Nome	Causada por	Sintomas	
Cólera	Bactéria.	Diarreia com sangue e **muco**, fortes dores de barriga, desidratação.	**Muco:** substância mole e grudenta, com consistência de clara de ovo.
Teníase	Tênia (ou solitária), um animal parasita que pode se desenvolver no intestino humano e chegar a 7 metros de comprimento.	Emagrecimento, enfraquecimento, dor de barriga, indisposição.	
Ascaridíase	Lombriga, um animal parasita que pode se desenvolver no intestino humano.	Emagrecimento, enfraquecimento, dor de barriga, indisposição.	

■ Prevenção de doenças

As fezes de pessoas doentes podem ter ovos de parasitas e microrganismos causadores de doenças. Em locais onde o esgoto não é tratado, as fezes são despejadas em rios ou no mar, contaminando a água.

O tratamento de água e a coleta de lixo e de esgoto, que fazem parte do saneamento básico de uma cidade, previnem doenças.

A construção de redes de esgoto depende de ações do governo. Na foto, obras de saneamento básico em Altamira, PA, 2014.

Hábitos de higiene

Para prevenir doenças causadas pela falta de higiene em relação aos alimentos, é preciso manter bons hábitos individuais, como:

- lavar as mãos antes de comer e depois de ir ao banheiro;
- lavar frutas e verduras antes de comê-las;
- beber apenas água tratada, filtrada ou fervida;
- manter os alimentos cobertos e protegidos de moscas e outros insetos;
- cozinhar bem todas as carnes;
- não falar, tossir ou espirrar sobre os alimentos para não contaminá-los com microrganismos;
- manter o cesto de lixo tampado para não atrair insetos e outros animais;
- não comer alimentos que estiverem com aparência ou cheiro diferente do normal;
- verificar o prazo de validade e o modo de conservação no rótulo dos alimentos.

http://linkte.me/r08y1
No link Alimentação há orientações sobre alimentação saudável, leitura do rótulo dos alimentos e obesidade infantil. Acesso em: 25 jun. 2016.

O corpo reage

Ninguém gosta de ficar doente ou de se sentir mal, mas, às vezes, o corpo tem reações desagradáveis que são importantes para preservar nossa saúde.

A ingestão de água e alimentos contaminados pode causar, por exemplo, vômito e diarreia, que são reações que ajudam a eliminar o alimento ou a água contaminados.

O vômito é a expulsão pela boca do alimento que está no estômago. A diarreia é a eliminação de fezes muito moles ou líquidas e, às vezes, vem acompanhada por dores de barriga.

Ao mesmo tempo que o vômito e a diarreia ajudam a "limpar" nosso organismo, eles provocam a perda de água e sais minerais. Se essa perda for muito grande, pode levar à **desidratação**.

Para combater a desidratação, é preciso tomar bastante líquido, como água, chá e, em casos de vômito e diarreia, também soro caseiro. Esse soro é uma mistura de água, sal e açúcar, em quantidades determinadas, que ajuda a hidratar o corpo.

+ SAIBA MAIS

Como fazer soro caseiro

Lave as mãos. Pegue um copo de água filtrada ou fervida. Acrescente um punhado de açúcar e uma pitada de três dedos de sal. Misture bem.

Você também pode utilizar a colher-medida, distribuída nos postos de saúde. Usando a colher, misture com a água duas medidas rasas de açúcar e uma medida rasa de sal, como mostra o desenho [...].

Um copo de água limpa. — Uma medida rasa de sal. — Duas medidas rasas de açúcar.

Denise Moraes. Como fazer soro caseiro. Disponível em: <http://linkte.me/fi403>. Acesso em: 6 jun. 2016.

1 Leia o texto a seguir e converse com um colega sobre as questões.

> [...] o rotavírus é responsável pela morte de cerca de 600 mil crianças por ano em todo o mundo [...].
>
> Os vírus [...] são eliminados em grande quantidade nas fezes do doente. A criança pode se infectar ao levar a mão suja à boca, por contato direto com pessoas, ou ainda por água, alimentos e objetos contaminados. [...]
>
> A infecção por rotavírus pode ser assintomática, ou seja, pode não causar sintomas. Mas, em geral, as manifestações costumam [...] variar de um quadro leve [...] a um quadro grave com desidratação, febre, vômitos e cólicas. [...]

Maria Ramos. *Rotavírus*: o grande vilão das crianças. Disponível em: <http://linkte.me/psj16>.
Acesso em: 6 jun. 2016.

a. Por que a falta de saneamento básico favorece a transmissão do rotavírus?

_____

_____

_____

b. O que pode ser feito para prevenir a infecção por rotavírus?

_____

_____

_____

2 As fotos a seguir foram escolhidas para produzir cartazes para uma campanha de prevenção de doenças. Escreva uma legenda para cada uma.

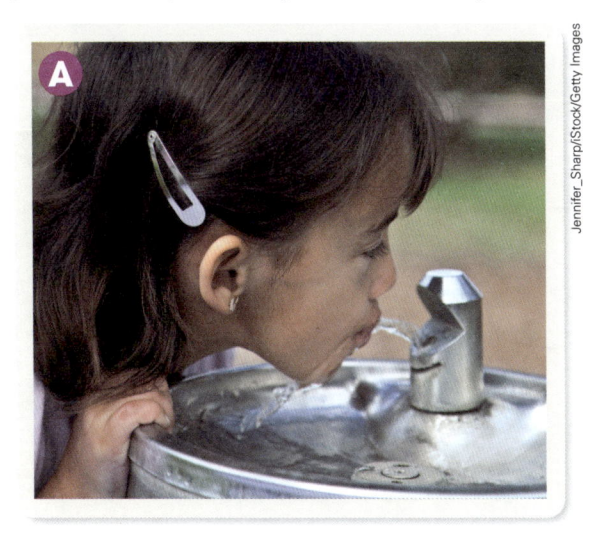

A (Jennifer_Sharp/iStock/Getty Images)

B (slobo/iStock/Getty Images)

Agora já sei!

1 Preencha as lacunas com as palavras do quadro.

| língua   nutrientes   dentes   saliva   fezes   alimentos |

Na boca os _____ são responsáveis por triturar o alimento em pequenos pedaços. Já a _____ serve para umedecer o alimento, e a _____ ajuda a empurrá-lo em direção ao estômago. No estômago, substâncias digestivas dividem parcialmente os _____ em pedaços menores. No intestino delgado, os _____ absorvidos dos alimentos passam para o sangue. No intestino grosso chegam restos de alimentos que não foram absorvidos pelo corpo. Nessa etapa, grande parte da água presente nos restos alimentares é absorvida e o restante formará as _____.

2 Em qual órgão do tubo digestório você espera encontrar alimentos mais digeridos: no estômago ou no intestino delgado? Que informações você usou para responder a essa pergunta?

_____
_____
_____
_____
_____

3 Observe a cena.

a. Que substância produzida pelo corpo da garota a deixa com água na boca?

_____

b. Explique como essa substância participa do processo de digestão.

HUMM... MEU PRATO PREFERIDO!

_____
_____

4 Leia o texto a seguir.

> O cólera é uma infecção do intestino delgado causada por bactéria. Essa doença é transmitida por água ou alimentos contaminados por esse microrganismo.
>
> Diarreia e vômitos são os principais sintomas da doença, fazendo com que o corpo desidrate rapidamente.
>
> Os casos de cólera ocorrem geralmente em lugares onde não há saneamento básico nem condições mínimas de higiene. A melhor forma de evitar essa doença é garantir o fornecimento de água limpa e o tratamento de esgoto.

Texto para fins didáticos.

■ Por que uma pessoa que contraiu o cólera precisa ingerir muito líquido?

_____

_____

5 A água do córrego mostrado na figura é adequada ao banho? Por quê?

_____

_____

_____

6 Forme dupla com um colega e respondam.

a. Retomem os desenhos feitos no começo deste capítulo e avaliem se vocês representaram todos os órgãos do sistema digestório. Comparem o desenho de vocês com a ilustração da página 147. Que semelhanças e diferenças há entre eles?

b. Agora, releiam novamente a resposta à pergunta 3 da página 146: O que vocês imaginam que acontece com o pão e a água dentro do nosso corpo? Depois do que foi estudado, vocês modificariam as respostas iniciais?

CAPÍTULO 3 — Respiração, circulação e excreção

Quando você acorda, é necessário avisar seu corpo que é preciso respirar? Que é preciso fazer o coração bater? Que é preciso produzir urina?

Como será que tudo isso acontece dentro de nós?

Repare que, enquanto brincamos ou dormimos, por exemplo, acontecem atividades no corpo que não percebemos e que não dependem da nossa vontade. Observe as imagens de Pedro e Marina andando de bicicleta.

Durante o passeio, eles perceberam algumas mudanças no corpo:
- a respiração ficou acelerada;
- o coração bateu mais rápido;
- aumentou a sensação de calor;
- os rostos ficaram vermelhos e suados.

1 Você já sentiu essas alterações em seu corpo? Quando?

2 Pedro comentou que o coração para de bater quando ficamos cansados. Você concorda com ele? Por quê?

A respiração

Respiramos o tempo todo. A respiração não para nem mesmo quando dormimos. A cada vez que respiramos, um pouco de ar entra e sai do nosso corpo pelo nariz ou pela boca.

▬ O que acontece enquanto respiramos

Respiramos continuamente e, assim, fornecemos gás oxigênio a todas as células do corpo. O gás oxigênio é necessário para que a energia dos alimentos seja utilizada. Além de consumir gás oxigênio, o corpo produz gás carbônico, que é eliminado para o ambiente externo pela respiração.

O gás oxigênio e o gás carbônico fazem parte da composição do ar, ou seja, da atmosfera terrestre. Durante a respiração, o corpo absorve o gás oxigênio do ar a sua volta e libera o gás carbônico que produziu.

▬ O sistema respiratório

O sistema respiratório é formado por órgãos que realizam a troca de gases entre o corpo e o ambiente. Observe o esquema ao lado.

O **nariz** tem pelos que filtram a poeira do ar que entra nele. O ar segue para as **cavidades nasais**, onde é aquecido.

Passa então pela faringe, pela laringe e pela traqueia. A traqueia se divide em dois ramos, chamados brônquios. Cada brônquio leva o ar para um dos pulmões.

Representação do sistema respiratório. (A porção superior da imagem está representada em corte; os pulmões estão representados em transparência para melhor visualização dos brônquios.)

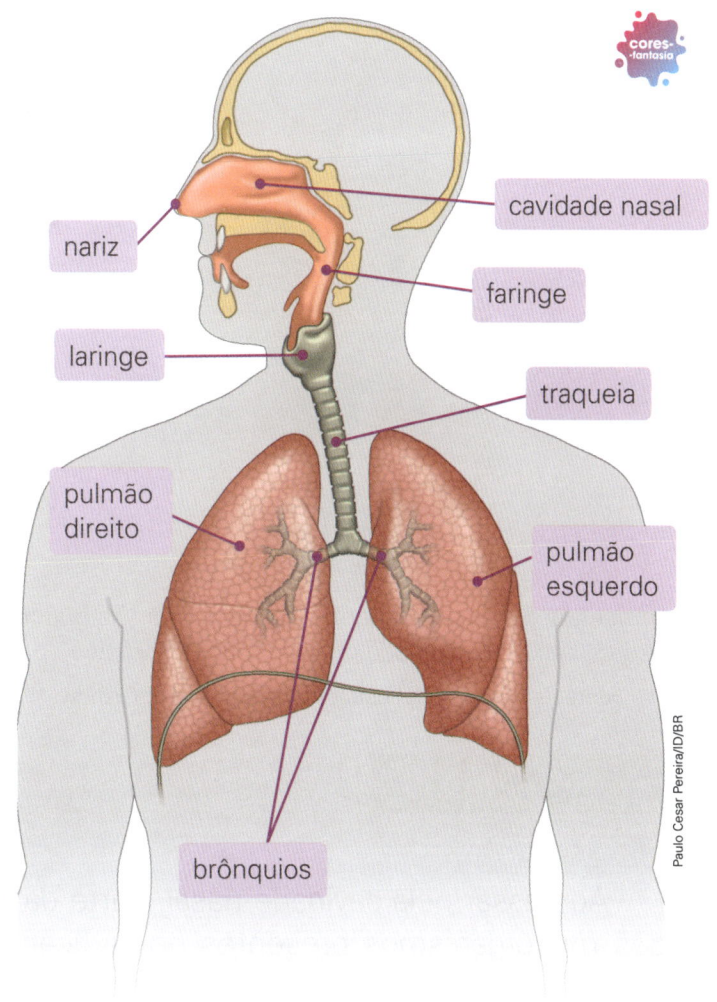

Fonte de pesquisa da ilustração: J. Sobotta. *Atlas de anatomia humana.* Rio de Janeiro: Guanabara Koogan, 2006. v. 1. p. 14.

Dentro dos pulmões, os brônquios se ramificam em tubos cada vez mais finos, que chegam até minúsculos sacos chamados alvéolos. Assim, o ar que entra pelo nariz percorre esses tubos até chegar nos alvéolos. Cada pulmão tem milhões de alvéolos. Neles, o gás oxigênio é absorvido, ou seja, passa para o sangue.

▬ Entrada e saída de ar

O diafragma é um músculo que fica na base da cavidade torácica. A contração e o relaxamento desse músculo estão relacionados aos movimentos respiratórios. São esses movimentos que permitem a entrada e a saída de ar do nosso corpo. Dizemos então que a respiração tem dois movimentos: a **inspiração**, quando o ar entra no nosso corpo, e a **expiração**, quando o ar sai do nosso corpo.

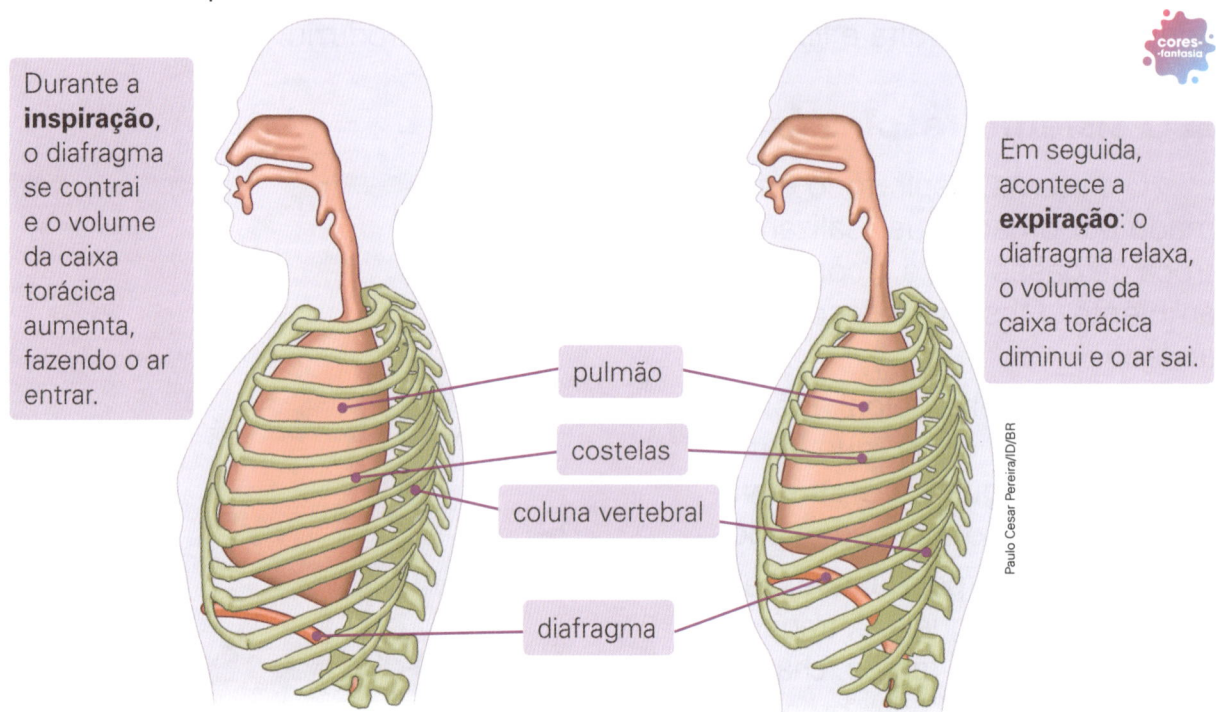

Durante a **inspiração**, o diafragma se contrai e o volume da caixa torácica aumenta, fazendo o ar entrar.

Em seguida, acontece a **expiração**: o diafragma relaxa, o volume da caixa torácica diminui e o ar sai.

pulmão
costelas
coluna vertebral
diafragma

Representação dos movimentos respiratórios. Os pulmões ficam no tórax, protegidos pelas costelas, em uma cavidade chamada **caixa torácica**.

Fonte de pesquisa da ilustração: G. Tortora e S. Grabowski. *Corpo humano*. Porto Alegre: Artmed, 2006. p. 459.

⊕ SAIBA MAIS

Filtrar o ar

Ao passar pela cavidade nasal, parte da sujeira e dos microrganismos presentes no ar ficam retidos nos pelos e muco (líquido viscoso). Além disso, a tosse e o espirro ajudam a eliminar a poeira que entra nas vias respiratórias, porque forçam a saída do ar.

1 A figura ao lado mostra o sistema respiratório.

a. No desenho, represente, com setas de cores diferentes:

- o trajeto percorrido pelo ar desde a entrada no corpo até chegar aos pulmões;
- o trajeto percorrido pelo ar desde os pulmões até ser exalado.

b. Escreva nas linhas abaixo uma legenda para identificar o que cada cor representa.

☐ _____

☐ _____

c. Qual gás é absorvido pelo corpo na inspiração? E qual gás é eliminado na expiração?

_____

2 Em dupla com um colega, leiam o texto a seguir.

> O ar respirado pela boca não passa pelo processo de filtração, umidificação e aquecimento e chega ao organismo no estado em que se encontra no ambiente, com impurezas, seco e mais frio.
>
> Esse ar [...] deixa o sistema respiratório mais vulnerável a doenças respiratórias e a alergias.
>
> [...] O fato de não respirar pelo nariz acaba interferindo também na alimentação, pois há uma diminuição no olfato e consequentemente no apetite. É como quando estamos gripados e não sentimos o gosto do que comemos. [...]

Andréa Perdigão Gayotto. Folha de São Paulo. Cotidiano.
Disponível em: <http://linkte.me/xi95n>. Acesso em: 13 jun. 2016.

a. Comparem as características do ar respirado pela boca e do ar respirado pelo nariz.

_____

_____

b. Que problemas de saúde uma pessoa que respira pela boca pode apresentar?

_____

_____

161

A circulação e a excreção

Todas as partes do corpo precisam de nutrientes e de gás oxigênio. Você já pensou em como essas substâncias chegam, por exemplo, aos dedos dos pés?

Transportar nutrientes e gás oxigênio

O sangue, os vasos sanguíneos e o coração permitem que nutrientes, gases e outras substâncias sejam distribuídos e transportados para todo o corpo. Juntos, eles formam o sistema cardiovascular.

Sistema cardiovascular

A figura ao lado representa o sistema cardiovascular, também chamado de **circulatório**.

O **sangue** é um líquido vermelho e viscoso que circula por todo o corpo.

O **coração** é o órgão que mantém o sangue circulando. Ele está localizado na caixa torácica, entre os dois pulmões.

Os **vasos sanguíneos** são tubos por onde o sangue circula.

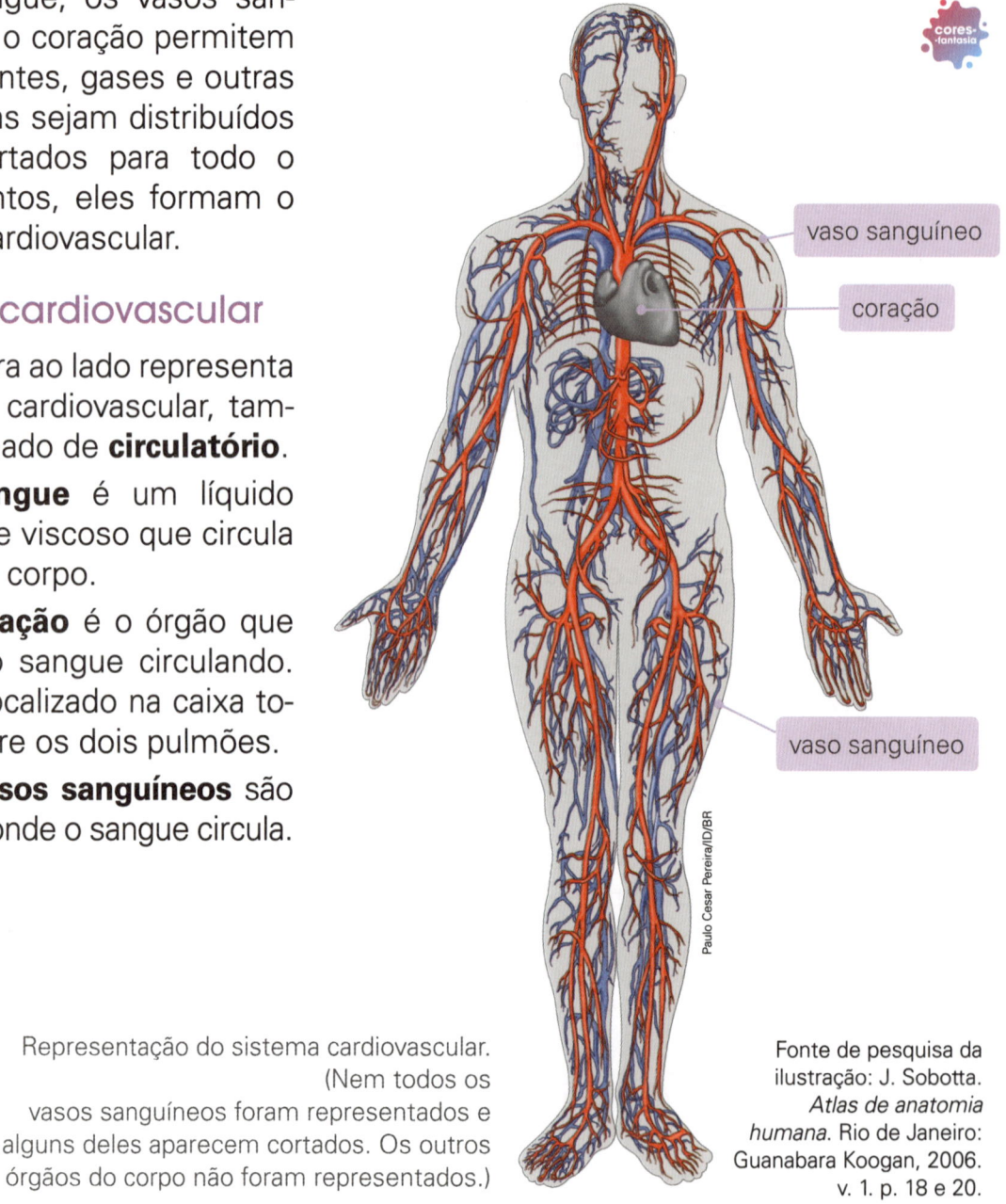

Representação do sistema cardiovascular. (Nem todos os vasos sanguíneos foram representados e alguns deles aparecem cortados. Os outros órgãos do corpo não foram representados.)

Fonte de pesquisa da ilustração: J. Sobotta. *Atlas de anatomia humana*. Rio de Janeiro: Guanabara Koogan, 2006. v. 1. p. 18 e 20.

Sangue

Os nutrientes absorvidos no intestino e o gás oxigênio absorvido nos pulmões se misturam ao sangue e são transportados e distribuídos para todo o corpo. Também é o sangue que recolhe o gás carbônico e outras substâncias que devem ser eliminadas do corpo.

Coração

O coração é formado por um músculo que contrai e relaxa independentemente da nossa vontade. A cada contração, o coração impulsiona um pouco de sangue desse órgão para os vasos sanguíneos.

Você quer saber qual é o tamanho de seu coração? Geralmente, o coração do ser humano é do tamanho aproximado de sua própria mão fechada. Dessa maneira, o tamanho desse órgão varia de um indivíduo para outro.

O coração de uma pessoa adulta tem cerca de 300 gramas e bate aproximadamente 70 vezes por minuto.

Vasos sanguíneos

Existem muitos vasos sanguíneos dentro do corpo. Alguns são grossos, outros são mais finos que um fio de cabelo. Estes últimos são chamados de **vasos capilares**. Os vasos que conduzem o sangue que sai do coração para outras partes do corpo são chamados de **artérias** (representados em vermelho na figura da página 162). Os vasos que conduzem o sangue do corpo todo para o coração são chamados de **veias** (representados em azul na mesma figura).

➕ SAIBA MAIS

Batimentos do coração

No dia a dia, o coração de um adulto bate, em média, 70 vezes por minuto. A cada contração, cerca de 70 mL de sangue são bombeados para os vasos sanguíneos. Ao fazermos os cálculos, veremos que em apenas um minuto o coração bombeia em torno de 5 litros de sangue. Em situações de atividade física, no entanto, o coração bate mais rapidamente e o número de batimentos cardíacos pode até dobrar.

Seriam necessárias dez garrafas pequenas de água para representar a quantidade de sangue que circula em nosso corpo a cada minuto. Esses cinco litros de sangue bombeados por minuto pelo coração também poderiam ser representados por cinco embalagens de leite.

■ Eliminar resíduos e gás carbônico

Além de levar nutrientes e gás oxigênio, o sangue transporta gás carbônico e outras substâncias produzidas pelo corpo que precisam ser eliminadas para o ambiente.

O gás carbônico é levado pelo sangue até os pulmões e sai do corpo pela expiração. As demais substâncias são eliminadas do corpo pelo sistema urinário.

Sistema urinário

Como você soube acima, o corpo precisa eliminar algumas substâncias para o ambiente. A eliminação de algumas delas envolve o sangue, os rins, os ureteres, a bexiga e a uretra.

Veja a seguir como isso acontece e observe a figura ao lado.

O sangue que chega nos **rins** tem muitas impurezas. Dentro desse órgão, o sangue é filtrado: as impurezas são eliminadas com um pouco de água. O sangue filtrado sai do rim e continua circulando pelo corpo.

As impurezas e a água eliminadas do sangue formam a urina, que passa pelos **ureteres**, que são canais que ligam os rins à **bexiga urinária**.

Na bexiga urinária, a urina permanece armazenada até sair do corpo, passando pela **uretra**.

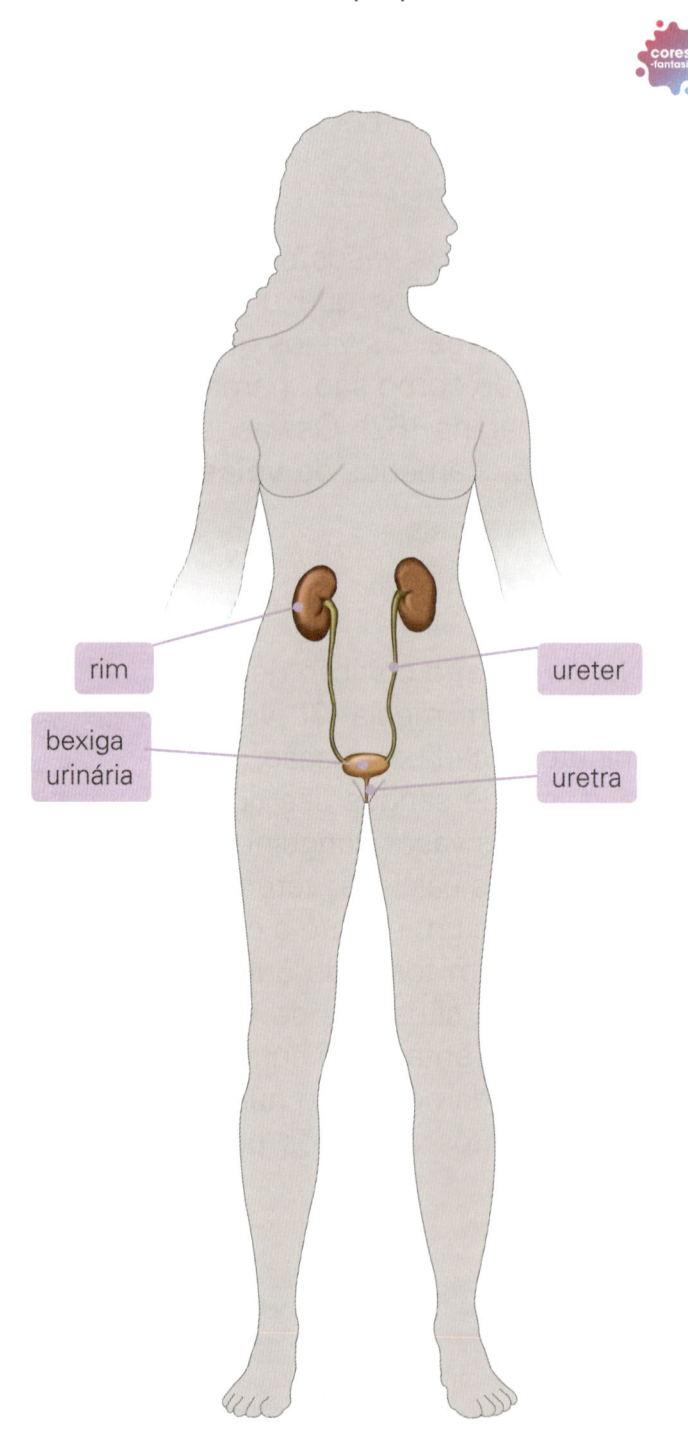

Representação do sistema urinário. Os outros órgãos do corpo não foram representados.

Fontes de pesquisa da ilustração: J. Sobotta. *Atlas de anatomia humana*. Rio de Janeiro: Guanabara Koogan, 2006. v. 2. p. 217; G. Tortora e S. Grabowski. *Corpo humano*. Porto Alegre: Artmed, 2006. p. 531.

1 Ligue as frases a seguir aos órgãos correspondentes.

Bombeia o sangue para as partes do corpo.		sangue
São classificados em veias e artérias.		coração
Leva os nutrientes para todas as partes do corpo.		vasos sanguíneos

2 Leia o texto abaixo e responda à questão a seguir.

> Perdemos água pela urina, pelo suor. Um pouco de água também está presente nas fezes. Além disso, o ar que expiramos tem grande quantidade de vapor de água.

Texto para fins didáticos.

- Como podemos repor a água perdida?

_____

_____

_____

3 Observe a figura do sistema urinário.

a. Escreva, na figura, quais das estruturas apontadas são os rins e a bexiga.

b. O que as setas verdes representam?

_____

_____

c. Se você ficar muito tempo sem urinar, qual das estruturas ao lado deve ficar um pouco maior?

_____

O corpo é um todo integrado

Mesmo quando estamos descansando, a respiração, a circulação, a excreção e a digestão não param de acontecer. Isso acontece porque o corpo está organizado em sistemas, que dependem uns dos outros para funcionar.

Vamos rever os quatro sistemas estudados.

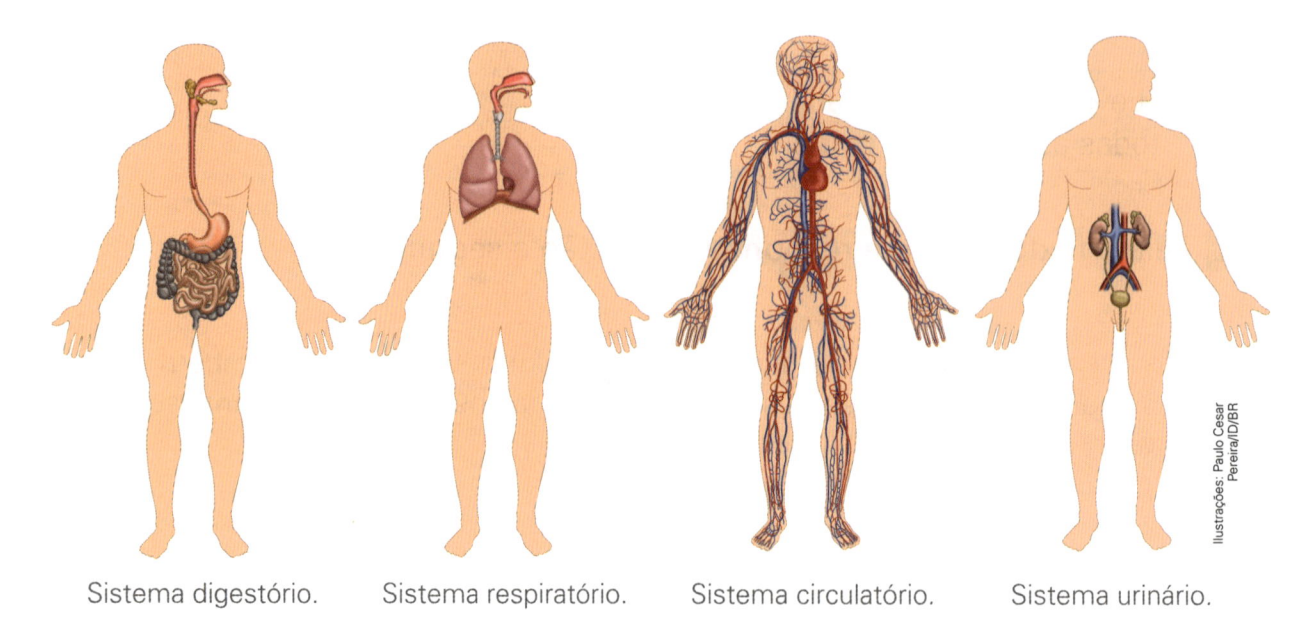

Sistema digestório.   Sistema respiratório.   Sistema circulatório.   Sistema urinário.

Ilustrações: Paulo Cesar Pereira/ID/BR

Atividades físicas intensas, como correr ou jogar bola, consomem muita energia e provocam alterações no nosso organismo.

Outros fatores, como medo, raiva e ansiedade, também provocam mudanças no corpo, como aumento das frequências cardíaca e respiratória.

⊕ SAIBA MAIS

Nosso corpo e a meditação

Meditação é uma técnica tradicional para relaxar, praticada há mais de mil anos em países do Oriente. Hoje em dia ela é praticada em muitos países, pois ajuda acalmar os pensamentos e o corpo. Em alguns países a meditação é ensinada já nos primeiros anos nas escolas. Ela ajuda a regular os batimentos cardíacos e melhora a atenção, a concentração e o bem-estar.

Bruna Ishihara/ID/BR

1 Forme uma dupla com um colega. Converse com ele sobre as alterações que acontecem com o corpo nas situações abaixo.

Na prática

Medindo a pulsação

Cada vez que o coração bate, ele impulsiona o sangue pelos vasos. Isso é chamado de **pulsação**. Cada pulsação corresponde a um batimento do coração. Nesta atividade, você vai medir a própria pulsação.

Você vai precisar de: um relógio.

Experimente

1. Sente-se e descanse por, pelo menos, dois minutos antes de começar.
2. Coloque os dedos indicador e médio sobre a parte interna do punho, como mostrado na foto. Mova os dedos até sentir sua pulsação.
3. Conte o número de pulsações em um minuto.

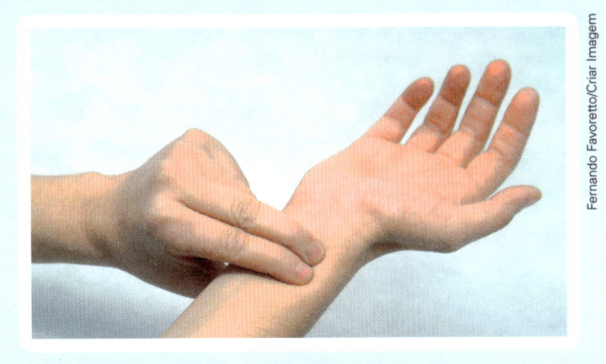

Pessoa sentindo a pulsação na parte interna do punho.

Responda

1. Quantas pulsações você contou em um minuto?
2. Você achou fácil ou difícil sentir a própria pulsação? Que dica você daria a uma pessoa que precisa realizar esse procedimento pela primeira vez?
3. O que aconteceria se essa contagem fosse feita após a aula de Educação Física?

Agora já sei!

1 Leia algumas informações sobre como cuidar do coração.

A saúde do nosso coração depende de nós, das nossas escolhas e dos nossos hábitos. A sabedoria popular diz "você é o que você come" e, de fato, a comida que ingerimos tem um grande impacto na nossa saúde e bem-estar, interferindo diretamente na nossa qualidade de vida.

A correria do dia a dia e os avanços da tecnologia fazem com que nos preocupemos cada vez menos com o nosso estilo de vida e o resultado disso é alimentação inadequada, sedentarismo, estresse e maior número de doenças.

Hábitos de vida saudáveis como alimentação equilibrada, atividade física regular [...] e controle emocional reduzem o risco de desenvolver doenças [...] como as doenças de coração [...].

[...]

InCor. Como cuidar do seu coração. Disponível em: <http://linkte.me/mb8n8>. Acesso em: 6 jun. 2016.

a. Segundo o texto, quais hábitos podemos adotar para cuidar da saúde do coração?

b. Em dupla, interpretem a frase: "Você é o que você come".

c. Algumas doenças aumentam os batimentos cardíacos, mas outros motivos também podem ter tal efeito. Cite duas situações em que isso ocorre.

2 Carla tem o hábito de tomar bastante água diariamente, mas seu irmão Lucas permanece muito tempo sem beber nada.

a. A cor da urina dos irmãos deve ser diferente? Explique.

_____
_____
_____

b. Lucas diz que prefere ficar sem beber líquidos para evitar idas ao banheiro. Utilize os conhecimentos que você adquiriu e explique a ele por que essa atitude não é saudável.

_____
_____
_____

c. Como é o nome do órgão que armazena a urina? Em que parte do corpo ele fica?

_____

3 Leia o texto abaixo.

> Na respiração, o ar do ambiente entra pelo nariz e chega aos pulmões. Do ar que entrou nos pulmões, absorvemos o gás oxigênio, que vai para o sangue. O gás oxigênio participa do processo que libera a energia contida nos alimentos. É essa energia que será utilizada por todas as partes do corpo. Nesse processo, o corpo produz gás carbônico. Esse gás vai para o sangue e chega aos pulmões. Dos pulmões, ele é eliminado para o ambiente.

Texto para fins didáticos.

Durante os exercícios físicos, a respiração fica mais acelerada. Por que isso acontece?

_____
_____
_____
_____
_____
_____

Vamos fazer!

Modelo de funcionamento do sistema respiratório

Nesta atividade, você e os colegas, organizados em grupos, vão construir um modelo que representa a entrada e a saída de ar dos pulmões.

Do que vocês vão precisar

- uma garrafa plástica transparente de 2 L
- três balões de aniversário de qualquer cor
- tesoura com pontas arredondadas
- dois tubos de caneta sem carga
- linha de costura
- massa de modelar
- fita-crepe

Como fazer

1. O professor vai cortar a garrafa como mostra a foto ao lado. Atenção: cuidado para não se ferir com a borda da garrafa, que pode ser cortante.

2. Tapem com fita-crepe o furinho da lateral de cada tubo de caneta.

3. Coloquem cada tubo dentro de um balão e usem linha para prendê-los, como mostra a foto ao lado. Reservem o terceiro balão.

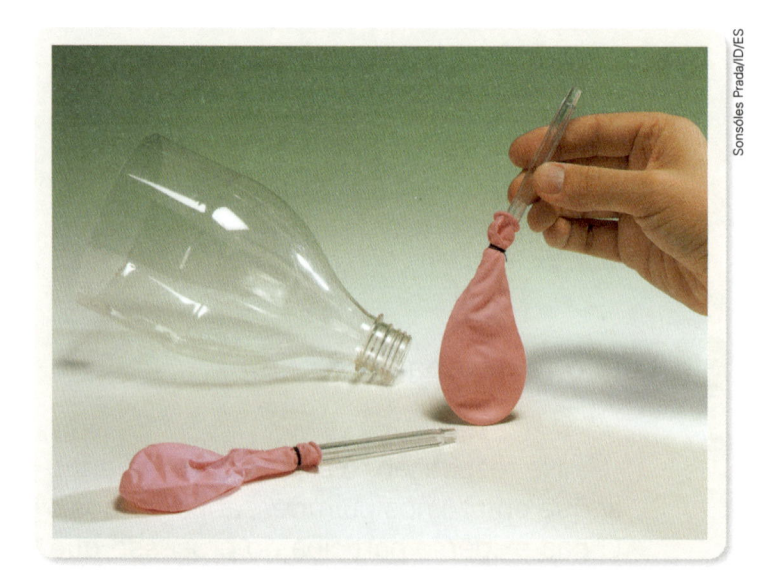

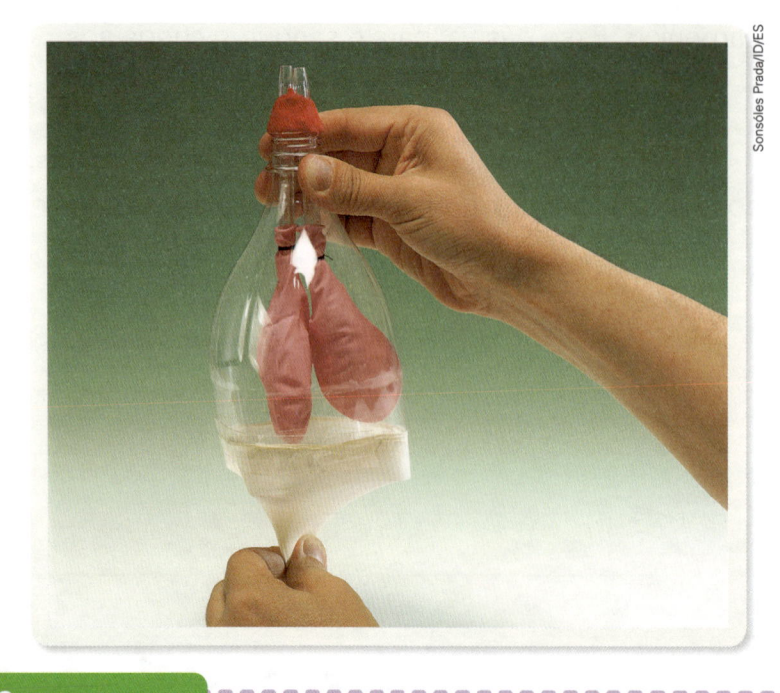

4. Encaixem os tubos dentro da garrafa cortada e usem massa de modelar para prendê-los.

5. Cortem o fundo do terceiro balão e deem um nó na parte central. Prendam a parte larga do balão com fita-crepe no fundo da garrafa, para que ele se mantenha fixo no lugar.

6. Uma pessoa do grupo vai movimentar o balão como mostra a foto ao lado. Observem o que acontece quando ela segura o nó e puxa o balão para baixo e quando o empurra para cima.

Vamos fazer o registro

1 Observem as figuras ao lado e comparem o modelo ao corpo humano.

  a. Que parte do corpo é representada:

  • pelo balão com o nó? _____

  • pela garrafa? _____

  • pelos tubos de caneta? _____

  • pelos balões presos aos tubos? _____

  b. Que movimento respiratório é representado quando:

  • puxamos para baixo a bexiga com o nó?
  _____

  • empurramos para cima a bexiga com o nó?
  _____

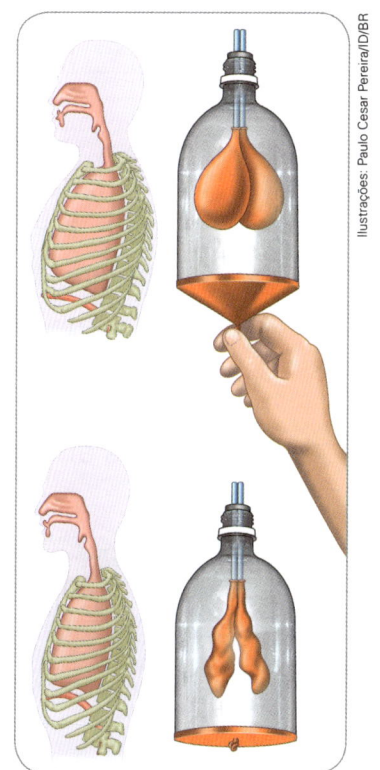

2 Observem o experimento que Carlos e André realizaram. André mediu o tórax de Carlos em dois momentos: após a inspiração (antes de soltar o ar) e após a expiração (depois de soltar o ar). Em seguida, eles fizeram um gráfico com os resultados.

■ Qual das barras representa o tamanho do tórax antes de soltar o ar? Por quê?

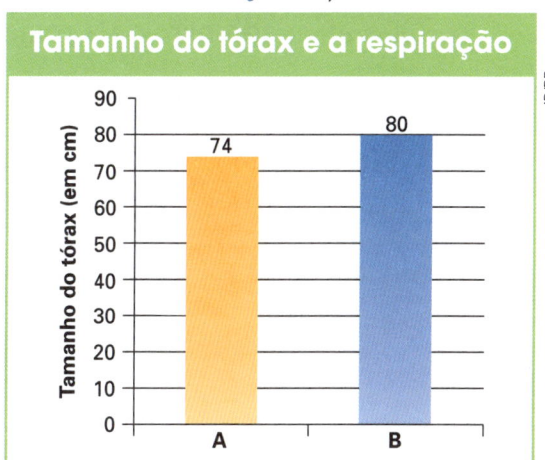

_____
_____
_____
_____

Tamanho do tórax e a respiração

Tamanho do tórax (em cm)
- A: 74
- B: 80

171

O que aprendi?

1 Complete a frase com as palavras do quadro abaixo.

| mais | oxigênio | carbônico | menos |

Durante a respiração, o corpo absorve parte do gás _____ presente no ar e libera o gás _____ produzido. Por isso, o ar que entra no corpo tem _____ gás oxigênio e _____ gás carbônico que o ar que sai dele.

2 Os gráficos abaixo mostram o ganho e a perda de água de um adulto em um dia.

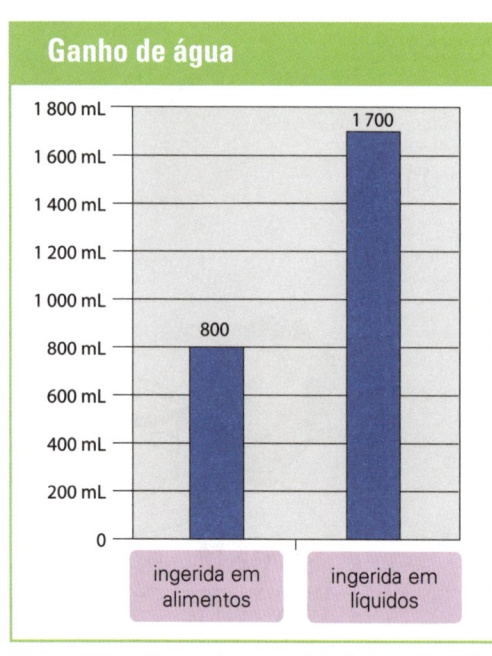

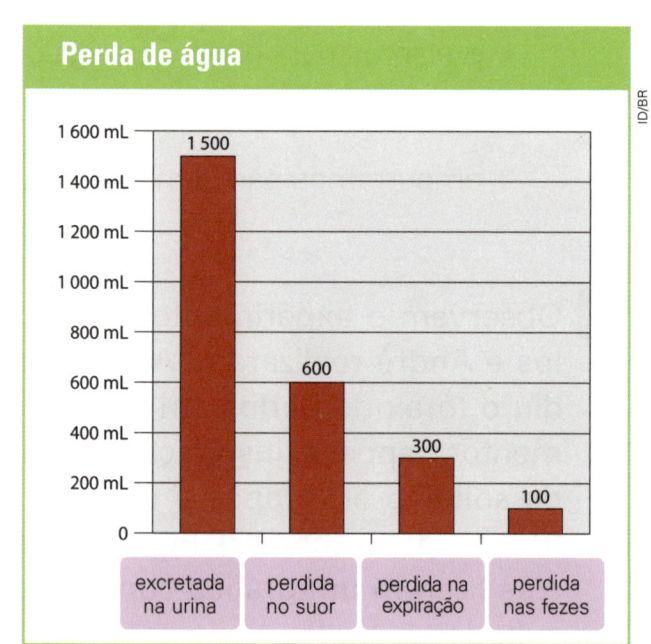

Ganho de água
- ingerida em alimentos: 800 mL
- ingerida em líquidos: 1 700 mL

Perda de água
- excretada na urina: 1 500 mL
- perdida no suor: 600 mL
- perdida na expiração: 300 mL
- perdida nas fezes: 100 mL

Fonte de pesquisa: G. Tortora e S. Grabowski. *Corpo humano*. Porto Alegre: Artmed, 2006. p. 552.

a. Que atividade elimina a maior quantidade de água?

_____

b. Quanta água ingeriu em um dia a pessoa representada nesses gráficos? Quanta água ela perdeu?

_____

c. Ela ingeriu água suficiente para repor as perdas?

_____
_____

3 Eduardo pegou pneumonia, uma doença causada por microrganismos que atacam os pulmões. O médico receitou um medicamento, em comprimidos, que deve ser tomado três vezes ao dia. Converse com os colegas sobre as questões a seguir.

a. Que caminho a substância presente no medicamento faz para chegar até os pulmões?

_____
_____
_____
_____

b. Como os resíduos do medicamento serão eliminados pela urina?

_____
_____
_____

4 Observe a figura ao lado. Quais são os órgãos indicados e a que sistema eles pertencem?

Ⓐ _____

Ⓑ _____

Ⓒ _____

Ⓓ _____

Ⓔ _____

Ⓕ _____

■ Uma estrutura representada ao lado, sem letra indicativa, é responsável por levar o ar da laringe até os pulmões. Que estrutura é essa?

_____

Sugestões de leitura

Unidade 1

***Pequenos cientistas**: água*, de Lisa Burke. Editora Publifolha.
Esse livro apresenta ao leitor vários experimentos caseiros feitos com água. Há orientações para construir um instrumento com garrafas e água ou uma roda-d'água, por exemplo.

Passeio por dentro da Terra, de Samuel Murgel Branco. Editora Moderna.
Nesse livro, você vai conhecer os movimentos da Terra, como surgem montanhas, vales, mares, ilhas vulcânicas e as riquezas que se escondem no solo.

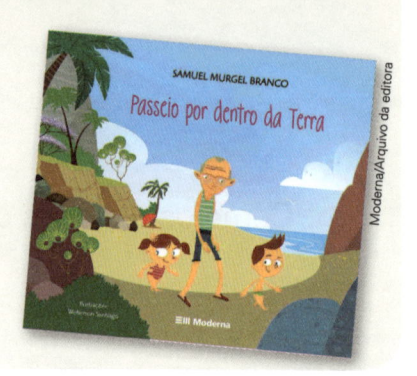

Unidade 2

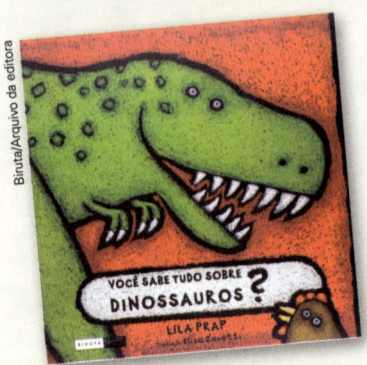

Você sabe tudo sobre dinossauros?, de Lila Prap. Editora Biruta.
Os dinossauros deixaram de existir há muito tempo, mas a curiosidade sobre esses animais permanece. Nesse livro, você vai conhecer personagens como o braquiossauro e o oviraptor e saber como eles viviam e o que gostavam de comer.

Plantas, de Philippe Nessmann. Companhia Editora Nacional.
Esse livro desperta a curiosidade por meio de experimentos simples que mostram como as plantas vivem.

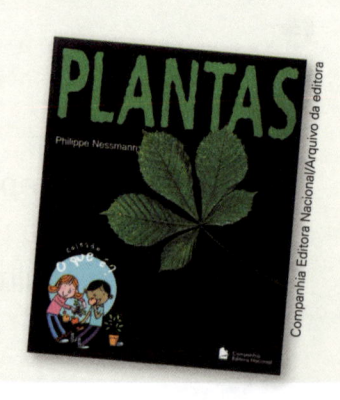

Unidade 3

Plantando uma amizade, de Rubens Matuck. Editora Studio Nobel.

O livro conta a história da amizade entre um homem que gostava muito de plantas e um menino que se tornou seu companheiro na aventura de plantar.

Comida de peixe, de Andy Mansfield e Henning Löhlein. Editora Girassol.

O livro conta a perigosa vida no fundo do mar, mostrando de forma divertida o funcionamento da cadeia alimentar.

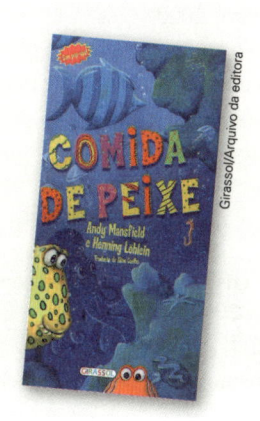

Unidade 4

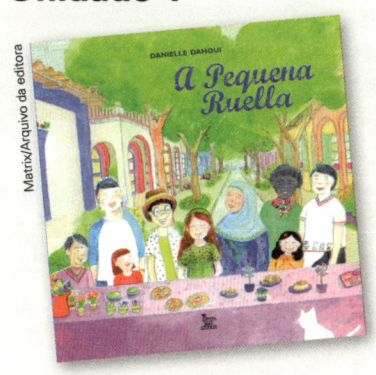

A pequena ruella, de Danielle Dahoui. Editora Matrix.

Na rua da Estrela, os vizinhos vêm de países ou regiões muito diferentes. Cada um resolve preparar uma comida típica para levar no piquenique que a menina está organizando.

Como funciona o incrível corpo humano, de Richard Walker. Editora Companhia das Letrinhas.

Nessa obra, é possível acompanhar os processos fisiológicos, como a alimentação, a respiração e o desenvolvimento e a cura de doenças em detalhes.

Bibliografia

BARNES, R. D.; RUPPERT, E. E.; FOX, R. S. *Zoologia dos invertebrados*. 7. ed. São Paulo: Roca, 2005.

BRASIL. Ministério da Educação. Conselho Nacional de Educação. *Diretrizes curriculares nacionais para o ensino fundamental de 9 (nove) anos. Parecer CNE/CEB n. 11/2010*. Brasília: CNE-CEB-MEC (versão aprovada em 7 jul. 2010).

_____. Secretaria de Educação Fundamental. *Parâmetros curriculares nacionais*: Ciências Naturais. 2. ed. Rio de Janeiro: DP&A, 2000.

_____. Secretaria de Educação Fundamental. *Parâmetros curriculares nacionais*: Meio ambiente e Saúde. 2. ed. Rio de Janeiro: DP&A, 2000.

_____. Secretaria de Educação Fundamental. *Parâmetros curriculares nacionais*: Pluralidade cultural. 2. ed. Rio de Janeiro: DP&A, 2000.

_____. Ministério do Planejamento, Orçamento e Gestão. Instituto Brasileiro de Geografia e Estatística – IBGE. *Atlas de saneamento*. Rio de Janeiro: IBGE, 2011.

CAMPOS, M. C. C.; NIGRO, R. G. *Teoria e prática em Ciências na escola*: o ensino-aprendizagem como investigação. São Paulo: FTD, 2009.

CARVALHO, A. M. P. de. *Ciências no Ensino Fundamental*: o conhecimento físico. São Paulo: Scipione, 2009.

CARVALHO, I. S. *Paleontologia*. 3. ed. Rio de Janeiro: Interciência, 2010.

DELIZOICOV, D.; ANGOTTI, J. A.; PERNAMBUCO. M. M. *Ensino de Ciências*: fundamentos e métodos. 3. ed. São Paulo: Cortez, 2009.

FARIA, R. P. *Fundamentos da Astronomia*. 10. ed. Campinas: Papirus, 2009.

FUNDAÇÃO NICOLAS HULOT. *Ecoguia*: guia ecológico de A a Z. São Paulo: Landy, 2008.

GASPAR, A. *Experiências de Ciências para o Ensino Fundamental*. São Paulo: Ática, 2005.

GOMES, Margarita Victoria. *Educação em rede*: uma visão emancipadora. São Paulo: Cortez-Instituto Paulo Freire, 2004.

HEWITT, P. G. *Física conceitual*. 11. ed. São Paulo: Bookman, 2011.

JOLY, A. B. *Botânica*: introdução à taxonomia vegetal. São Paulo: Companhia Editora Nacional, 1993.

LORENZI, H. *Árvores brasileiras*. Nova Odessa: Instituto Plantarum, 2009.

_____; SOUZA, H. M. *Plantas ornamentais no Brasil*. Nova Odessa: Instituto Plantarum, 2008.

NEVES, David Pereira et al. *Parasitologia humana*. 12. ed. Rio de Janeiro: Atheneu, 2011.

NICOLINI, J. *Manual do astrônomo amador*. 4. ed. Campinas: Papirus, 2004.

ODUM, E. P. *Ecologia*. Rio de Janeiro: Guanabara Koogan, 2009.

_____; BARRETT, G. W. *Fundamentos de ecologia*. São Paulo: Cengage Learning, 2007.

PERRENOUD, P. *As competências para ensinar no século XXI*. Porto Alegre: Artmed, 2007.

PRESS, F.; SIEVER, R.; GROTZINGER, J.; JORDAN, T. H. *Para entender a Terra*. 4. ed. São Paulo: Bookman, 2006.

RAVEN, P. H.; EVERT, R. F.; EICHHORN, S. E. *Biologia vegetal*. 7. ed. Rio de Janeiro: Guanabara Koogan, 2007.

REES, M. (Org.). *Universe*. Londres: Dorling Kindersley, 2012.

RIBEIRO-COSTA, C. S.; ROCHA, R. M. (Org.). *Invertebrados*: manual de aulas práticas. 2. ed. Ribeirão Preto: Holos, 2006.

RICKLEFS, R. E. *A economia da natureza*. 6. ed. Rio de Janeiro: Guanabara Koogan, 2010.

SCHMIDT-NIELSEN, K. *Fisiologia animal*: adaptação e meio ambiente. 5. ed. São Paulo: Santos Editora, 2002.

SICK, H. *Ornitologia brasileira*. Rio de Janeiro: Nova Fronteira, 2001.

SOBOTTA, J. *Atlas de anatomia humana*. 22. ed. Rio de Janeiro: Guanabara Koogan, 2006. v. 1 e 2.

SOCIEDADE BRASILEIRA DE ANATOMIA. *Terminologia anatômica*. Barueri: Manole, 2001.

TEIXEIRA, W. (Org.). *Decifrando a Terra*. 2. ed. São Paulo: Ibep-Nacional, 2008.

TORTORA, G. J.; GRABOWSKI, S. R. *Corpo humano*: fundamentos de anatomia e fisiologia. 8. ed. Porto Alegre: Artmed, 2012.

VANCLEAVE, J. P. *Astronomy for every kid*. Nova York: John Wiley & Sons, 1991.

WINSTON, R. *Body*: an amazing tour of human anatomy. Londres: Dorling Kindersley, 2005.

ZABALA, A. *A prática educativa*. Porto Alegre: Artmed, 1998.

Recortar

Páginas 8 e 9 › **Atividade de abertura da unidade 1**

Página 49 › **Atividade 3**

Recortar

Páginas 50 e 51 › **Atividade de abertura da unidade 2**

Recortar

Páginas 50 e 51 › **Atividade de abertura da unidade 2**

181

Recortar

Páginas 92 e 93 › **Atividade de abertura da unidade 3**

Página 128 › **Atividade 1: Jogo das interações**

Em ambiente naturais, o aguapé é um dos alimentos da capivara.

Quando invadem as fazendas, as capivaras comem alimentos cultivados pelos seres humanos, como o milho.

A coloração chamativa dessa rã colombiana sinaliza que ela possui veneno no corpo.

Certos grupos indígenas colombianos passam veneno de rã em seus dardos de caça, lançados através de uma zarabatana.

183

Ilustrações: AMj Studio/ID/BR

Recortar

Página 128 › **Atividade 1: Jogo das interações**

- O urso-polar se camufla em seu hábitat.
- A neve é branca, da mesma cor que o urso-polar.
- As serpentes, como essa caninana, comem ratos.
- Os ratos se escondem na toca para evitar predadores.
- A grama serve de alimento aos herbívoros.
- A vaca alimenta-se de pasto.
- Os fungos, como esse orelha-de-pau, decompõem a madeira.
- Os galhos e troncos caídos em uma floresta apodrecem com a ação de decompositores.

Ilustrações: AMj Studio/ID/BR

Jogo das Interações

Recortar

Página 128 › Atividade 1: Jogo das interações

- A pulga suga o sangue de outros animais.
- A picada de pulga provoca coceira em seu hospedeiro.
- O Sol é fonte de energia para as plantas produzirem o próprio alimento.
- As folhas da copa das árvores são iluminadas pelo Sol.
- Além de caçar, o lobo-guará também se alimenta de vegetais.
- Nas fezes do lobo-guará podem ser encontradas sementes.
- A abelha voa em busca de néctar para se alimentar.
- As flores produzem néctar que alimenta as abelhas.

Ilustrações: AMj Studio/ID/BR

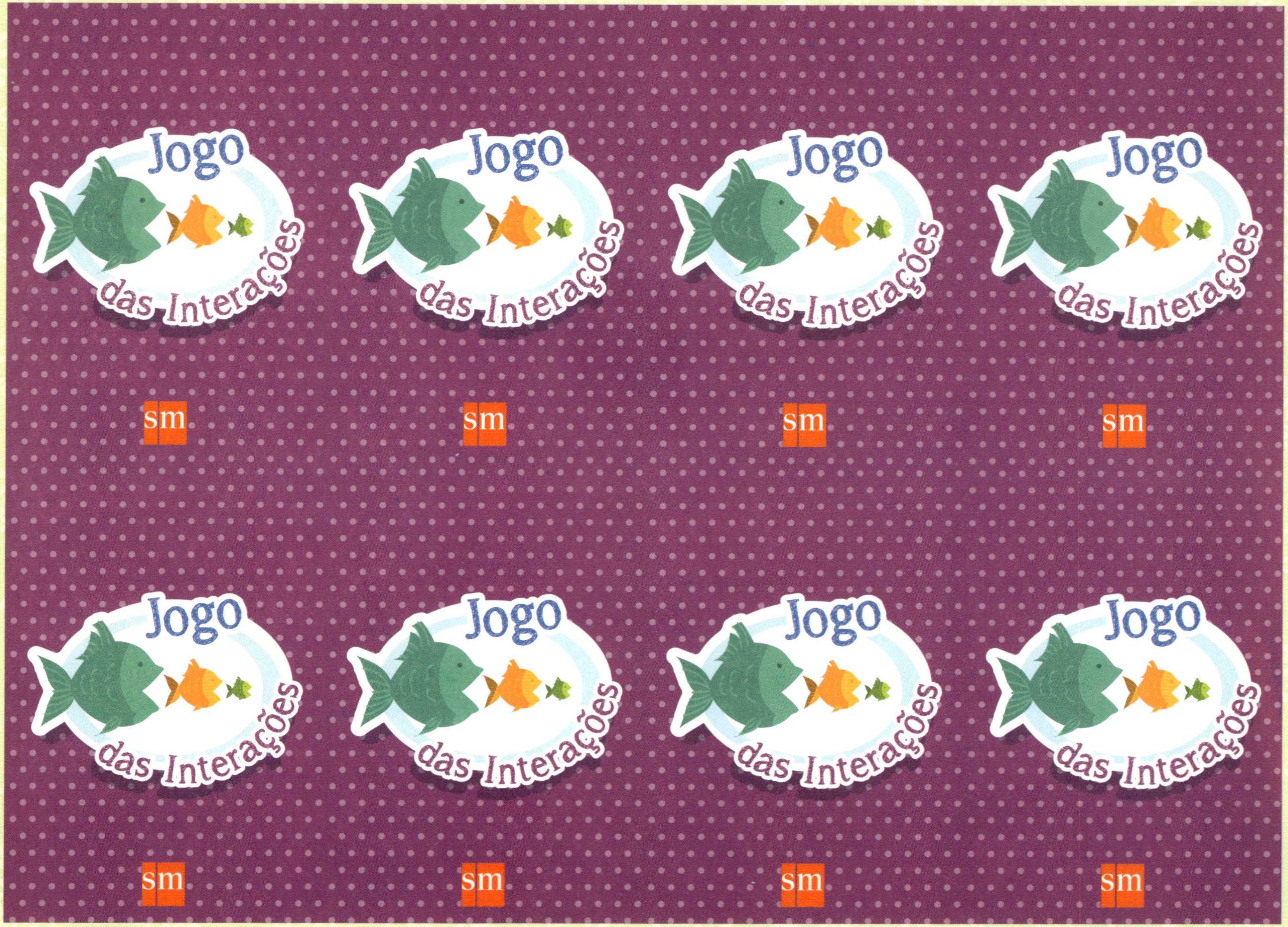

Recortar

Página 128 › **Atividade 1: Jogo das interações**

Os espinhos que recobrem o corpo do ouriço-cacheiro são uma defesa contra predadores.

Se uma onça-pintada ataca um ouriço-cacheiro, ela corre o risco de ficar com a boca ferida.

Peixes, como a piranha, servem de alimento ao jacaré — um animal carnívoro.

A piranha capturada vira refeição do jacaré.

Os seres humanos cultivam alimentos para comer.

A salada é feita com alimentos colhidos nas plantações.

Na pesca industrial, muitos peixes são pescados de uma só vez.

A pesca exagerada do atum ameaça esse peixe de extinção.

Ilustrações: AMj Studio/ID/BR

Jogo das Interações

Recortar

Página 128 › **Atividade 1: Jogo das interações**

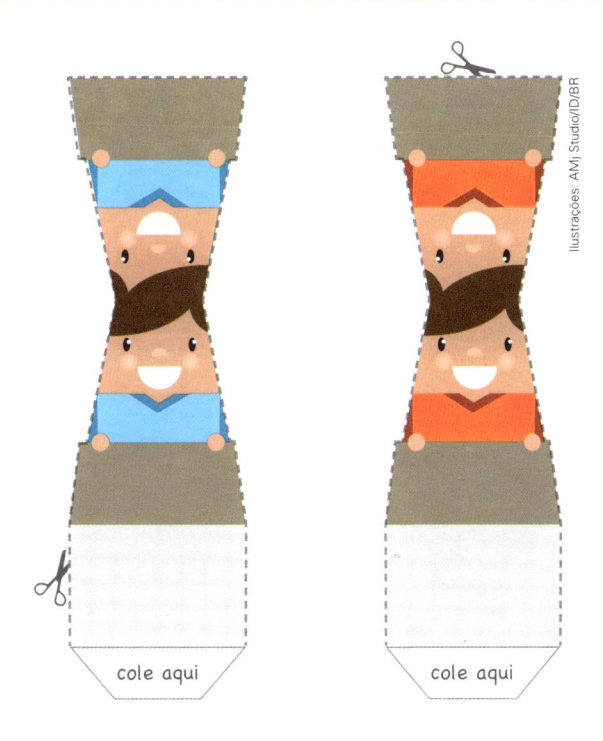

As algas fazem fotossíntese e assim produzem o próprio alimento.

As tartarugas ingerem alimento, como as algas, para obter energia para viver.

O sabiá-laranjeira é um animal onívoro.

Alguns alimentos consumidos pelo sabiá-laranjeira são frutas, minhocas e insetos.

Páginas 134 e 135 › **Atividade de abertura da unidade 4**

cole aqui   cole aqui

191

Ilustrações: AMj Studio/ID/BR

Recortar

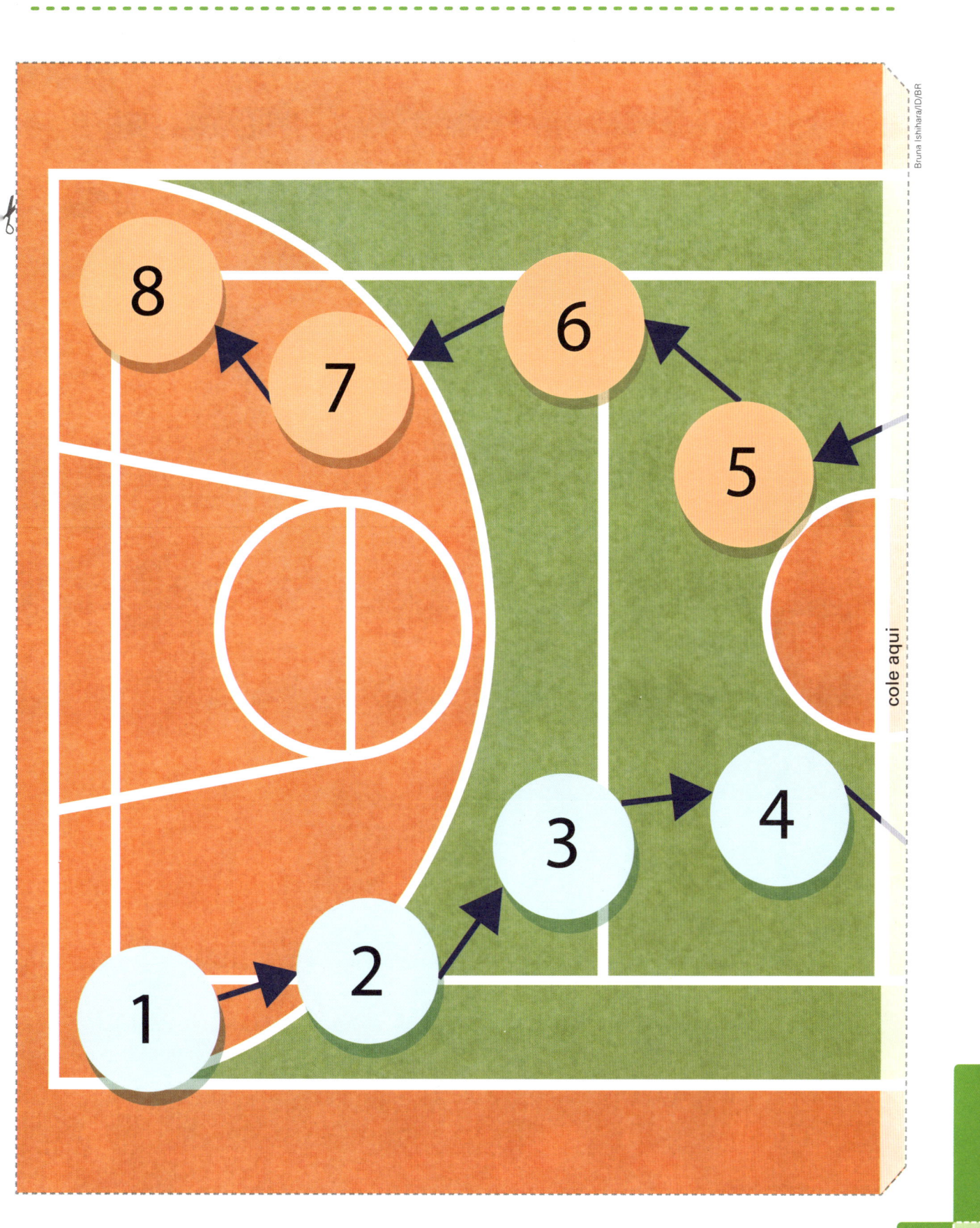

Páginas 134 e 135 › **Atividade de abertura da unidade 4**

Recortar

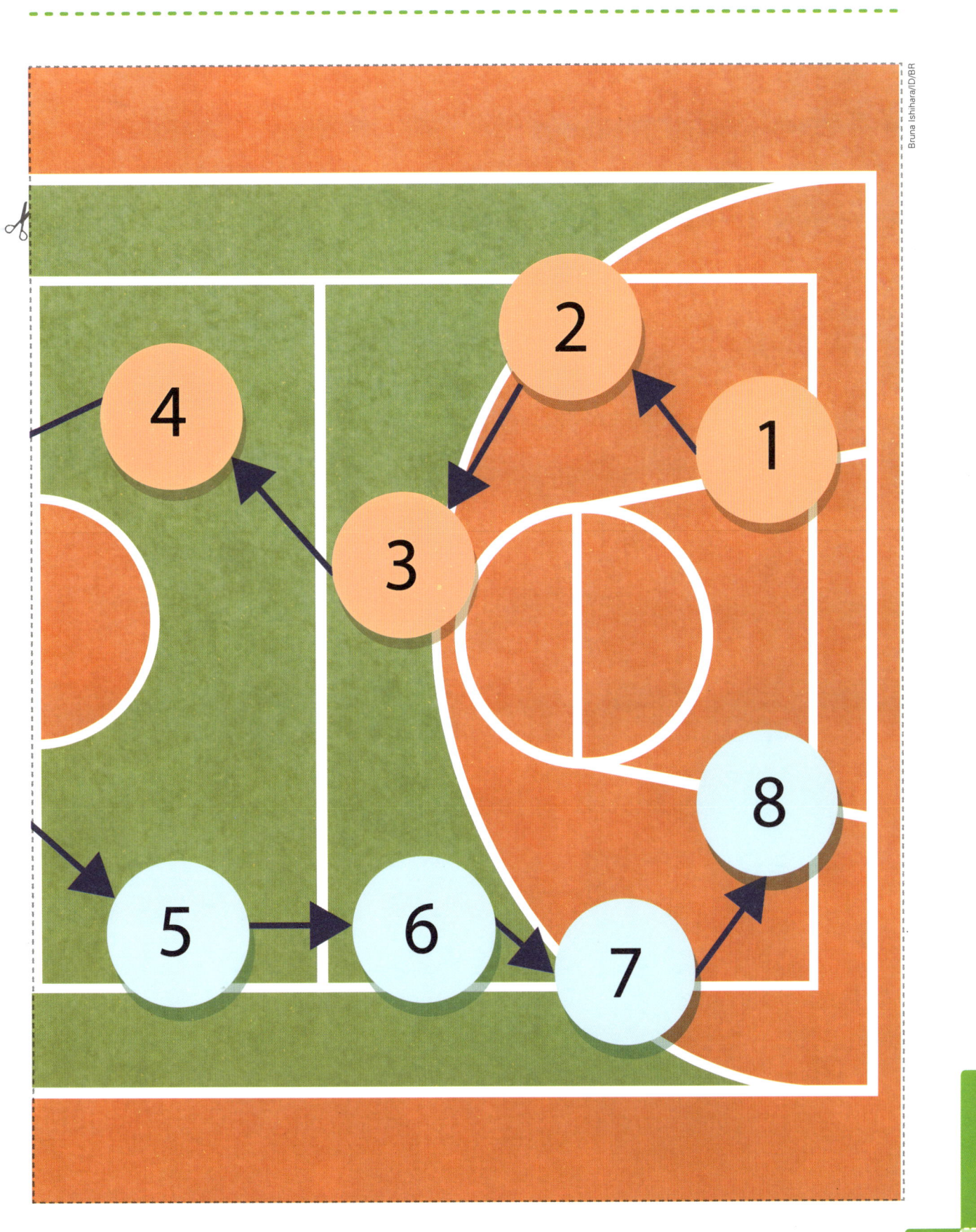

Páginas 134 e 135 › **Atividade de abertura da unidade 4**

Recortar

Páginas 134 e 135 › Atividade de abertura da unidade 4

Em qual das atividades a seguir gastamos mais energia?

a) Montando um quebra-cabeça.
b) Andando de bicicleta.
c) Vendo televisão.

A única forma de repor a água eliminada pelo nosso corpo é bebendo mais água.

a) Certo
b) Errado

A boca humana possui dentes:

a) iguais, que são trocados de tempos em tempos.
b) que permanecem desde o nascimento até a vida adulta.
c) com formas distintas, pois possuem funções diferentes na mastigação.

Durante o sono profundo:

a) nosso coração para de bater, pois nos esquecemos de controlar as atividades cardíacas.
b) a respiração continua fornecendo o gás oxigênio de que o corpo precisa.
c) não gastamos nenhuma energia.

É recomendável consumir frutas e verduras:

a) 1 vez por semana.
b) todos os dias.
c) 1 vez por mês.

Para obter os mesmos tipos de nutrientes que o peixe fornece, é possível elaborar uma refeição substituindo-o por:

a) Ovo.
b) Pão.
c) Maçã.

Qual dica abaixo refere-se a uma alimentação saudável?

a) Comer rapidamente para ingerir mais alimentos.
b) Evitar verduras e legumes.
c) Não exagerar no consumo de doces.

Para evitar algumas doenças, NÃO devemos:

a) beber apenas água tratada ou fervida.
b) comer sem lavar as mãos.
c) lavar frutas e verduras antes de comê-las.

Parte das impurezas que estavam presentes no nosso corpo são eliminadas através das fezes.

a) Certo
b) Errado

O coração desacelera quando:

a) ficamos em repouso.
b) nos assustamos.
c) fazemos exercícios físicos.

Gincana da saúde

Recortar

Páginas 134 e 135 › **Atividade de abertura da unidade 4**

As vitaminas obtidas na alimentação são distribuídas pelo corpo inteiro através:

a) do sangue bombeado pelo coração.
b) do ar que inspiramos.
c) do estômago.

São fatores que preservam a saúde:

a) vacinação e saneamento básico.
b) higiene e desnutrição.
c) desidratação e exercícios.

A minha saúde depende:

a) apenas do cuidado que eu tenho com meu corpo.
b) do cuidado com o meu corpo e a minha mente.
c) do cuidado com o meu corpo, a minha mente e o meio ambiente.

Em relação às doenças:

a) nenhuma delas passa de pessoa para pessoa.
b) existem vacinas para todas elas.
c) podemos tomar alguns cuidados para evitá-las.

O líquido que bebemos e o alimento que comemos:

a) seguem o mesmo caminho no corpo.
b) vão para órgãos diferentes depois de engolidos.
c) não possuem nutrientes.

Os alimentos:

a) não podem ser conservados fora da geladeira.
b) devem ser conservados fora da geladeira.
c) podem ser conservados de diferentes maneiras, dependendo do tipo.

O soro recomendado para crianças com desidratação não pode ser feito em casa.

a) Certo
b) Errado

O corpo humano precisa do ar porque:

a) utiliza o gás carbônico para produzir seu alimento.
b) utiliza o gás oxigênio para suas atividades.
c) utiliza o vapor de água ao invés de beber água.

O pulmão:

a) bombeia sangue para o corpo todo.
b) filtra o sangue e produz urina.
c) fornece o gás oxigênio necessário para a sobrevivência do corpo.

Muitos alimentos ainda bons para consumo são desperdiçados diariamente.

a) Certo
b) Errado

Gincana da saúde